NOURRITURE ET DÉVELOPPEMENT

Questions alimentaires et gastronomiques

Collection dirigée par Kilien Stengel,

ancien professionnel des secteurs alimentation et gastronomie, enseignant et chercheur de l'université de Tours spécialisé sur le fait culinaire et œnologique

Cette collection d'ouvrages culturels, économiques, historiques, sociologiques, anthropologiques, ou techniques, contribue aux progrès de la recherche et de la réflexion sur les cultures alimentaires et gastronomiques. Ouverte sur le monde, elle permet de mieux comprendre les rapports entre l'homme et son alimentation. Ici, il n'est pas seulement question de cuisine, on se positionne à la frontière de ce qui rapproche ou sépare l'alimentation de la gastronomie, les représentations du bon et du bien-manger, le patrimoine et l'authenticité, le terroir et les identités alimentaires. Autant d'imaginaires qui hantent nos assiettes, comme nos verres.

Dernières parutions

Kilien STENGEL (dir.), *En mode carnivore. La place des produits d'origine animale dans notre assiette,* 2026.

Tsinjo RANDRIAMANANA, *Ruralité et développement agricole à Madagascar*, 2026.

Kilien STENGEL, *Manuel du non-plaisir alimentaire*, 2025.

Christian FERAULT, *Marquis de Turbilly. Un gentilhomme cultivateur,* 2025.

Giovanna GIANNELLI, *Le management en restauration collective. La gestion des conflits*, 2025.

Abel Alexis LOUIS, *Boire le vin et le champagne à la table des élites martiniquaises (1914-1945)*, 2025.

Marie CHEDEVILLE, *De la malbouffe au « bien-manger ». Six stratégies d'adaptation du hamburger*, 2025.

Abdelhak EL MOSTAIN, *L'âge d'or de la distillation à Fougerolles. Essor, défi et héritage des distilleries familiales (1839-1940)*, 2025.

Olivier LANDRON et Paul SALAÜN (dir.), *Le vin sous toutes ses couleurs. Plongée au cœur du vignoble français et de ses enjeux,* 2025.

Mandiaye Fall

NOURRITURE ET DÉVELOPPEMENT

Le couscous (*cere*), un pilier du consommer local

Préface d'Alioune Dione
Postface d'Oumar Badiane

L'Harmattan

Du même auteur

Sacra Africa. Immersion dans l'Afrique cachée, L'Harmattan, 2024.

5-7, rue de l'École-Polytechnique - 75005 Paris

www.editions-harmattan.fr

ISBN : 978-2-336-59622-8
EAN : 9782336596228

Dépôt légal : février 2026

Sommaire

PRÉFACE

Certaines denrées dépassent leur simple fonction nutritive pour devenir des symboles, des récits et des vecteurs de résistance. Le mil, cette céréale modeste aux reflets dorés, en constitue un exemple parfait. Dans *Nourriture et développement : le couscous (cere), un pilier du consommer local*, Mandiaye Fall ne se contente pas de décrire une céréale ou un plat emblématique du Sénégal : il nous invite à une réflexion profonde sur le sens de l'alimentation et, plus largement, de l'existence dans un monde où les identités s'effacent sous la pression de l'uniformisation, où traditions et flux de la modernité s'entrechoquent, et où l'acte de manger devient un champ de tension entre le local et le global.

L'ouvrage prend racine dans les champs de la Sénégambie, où la terre, tantôt généreuse, tantôt avare, offre ou refuse son tribut de mil aux paysans. Mais très vite, l'auteur élargit la perspective pour aborder des enjeux universels : la sauvegarde des cultures face à l'hégémonie des modèles dominants, la résilience des peuples face aux chocs de l'histoire, et cette quête constante d'un équilibre entre ce que nous sommes et ce que le monde nous pousse à devenir.

Le mil n'est plus seulement une céréale : il incarne une Afrique qui résiste, qui s'adapte et qui se réinvente, tout en restant vulnérable et menacée.

Mandiaye Fall rappelle une vérité fondamentale : la cuisine est un langage. Elle évoque les chants qui accompagnent le pilonnage du grain, la poigne des mains qui pétrissent la farine, la sueur de ceux qui préparent le couscous dans les cuisines au feu de bois, les prières du chef de famille murmurées avant de manger et le sourire des enfants à la fin d'un copieux repas du soir.

Le *cere*, ce couscous de mil, n'est pas un simple plat : il est le fruit d'un savoir-faire ancestral, d'une alchimie entre l'homme et la nature, d'une transmission de mère en fille, de génération en génération. Il témoigne d'une société où le sacré et le profane s'entrelacent, où chaque geste culinaire devient un acte social, politique et spirituel.

Ce langage est aujourd'hui en danger ! La mondialisation, avec ses flux de produits standardisés, ses images de consommation importées et ses promesses de modernité, a placé le riz et le blé au sommet des tables africaines.

Le mil, relégué au rang de nourriture des pauvres ou de nostalgie, devient le symbole d'une identité vacillante. L'auteur ne se contente pas de décrire ce déclin : il en explore les causes profondes, comme le complexe d'infériorité hérité de la colonisation, l'attrait pour les produits étrangers perçus comme gages de progrès, et la déstructuration des modes de vie traditionnels sous l'impact des médias et des migrations.

Pourtant, dans cette analyse, persiste une lueur d'espoir : le mil résiste. Il demeure dans les greniers des villages, dans les chants des femmes qui pilent le grain, dans les rituels liés aux semailles et aux récoltes. Il résiste parce qu'il porte en lui une mémoire, une façon d'être au monde qui ne saurait se réduire à une simple transaction économique. En ce sens, le mil dépasse sa dimension de céréale : il devient une véritable philosophie.

Ce qui frappe dans cet ouvrage, c'est sa dimension à la fois poétique et politique. Mandiaye Fall ne se limite pas à analyser les mécanismes de la mondialisation ou les stratégies de résistance culturelle. Il évoque l'âme des peuples et rappelle que le développement ne se mesure pas uniquement en indicateurs économiques, mais aussi par la capacité à préserver ce qui fait la singularité d'une communauté : ses rites, ses chants, ses savoir-faire et sa vision du monde.

Le mil devient alors une métaphore de l'Afrique elle-même : tiraillée entre son héritage et les sirènes de la modernité, entre sa quête d'autonomie et les contraintes d'un système mondial qui la maintient dans une position de dépendance. Mais c'est aussi une Afrique qui invente, innove et puise dans ses traditions les ressources nécessaires pour affronter l'avenir.

Le *cere* n'est pas un plat du passé : il représente une promesse, celle d'une gastronomie pouvant redevenir un levier de développement, celle d'une culture qui, loin d'être un frein, pourrait devenir le socle d'une renaissance.

Ce livre est également un manifeste pour une révolution culturelle. Il ne s'agit pas de revenir en arrière, mais de s'engager dans une réappropriation lucide et créative de notre identité. L'auteur ne prône pas le rejet de la modernité : il en dénonce les excès, les illusions et les pièges. Il montre comment les flux culturels, véhiculés par les médias et les multinationales, diffusent des valeurs et des normes qui, souvent, aliènent plutôt qu'elles ne libèrent.

Face à cela, Mandiaye Fall propose une voie médiane : celle d'une modernité assumée, qui ne renie pas ses racines mais cherche à les faire fructifier ; une modernité qui ne se limite pas à la consommation, mais qui crée et agit. Le mil n'est pas un vestige du passé, mais le symbole d'un avenir où l'Afrique et plus largement, toutes les cultures marginalisées pourraient enfin écrire son propre récit, sans complexe ni soumission.

Au-delà d'une simple réflexion sur une céréale ou une tradition culinaire, *Nourriture et développement : le couscous (cere), un pilier du consommer local* se présente comme une méditation sur nos liens à la terre, à nos ancêtres et aux générations futures. Le mil, dans les pages de Mandiaye Fall, devient le fil d'Ariane d'une quête plus vaste : celle d'un équilibre entre le local et le global, entre tradition et innovation, entre identité et ouverture.

Dans un monde où tout tend vers la standardisation, où la diversité des cultures, des saveurs et des histoires est souvent perçue comme un obstacle à la croissance, ce livre nous rappelle une vérité essentielle : c'est dans la richesse de cette diversité que réside la véritable richesse de l'humanité. Le mil, humble mais tenace, nous enseigne que la résilience n'est pas une option, mais une nécessité. Et que le progrès, s'il doit advenir, ne peut se construire qu'en étant enraciné dans ce qui nous constitue.

Puissions-nous, à la lecture de ces pages, garder à l'esprit que chaque grain de mil porte en lui bien plus qu'une valeur nutritive : il symbolise l'espoir d'un monde où les peuples, comme cette céréale, pourraient enfin croître sans être écrasés par la machine de l'uniformité.

Le mil, en tant que nourriture traditionnelle profondément ancrée dans les pratiques agricoles et culinaires du Sénégal, constitue un vecteur essentiel dans la construction d'une économie sociale et solidaire. En incarnant une ressource locale, le mil favorise le développement d'une filière économique basée sur la valorisation des savoir-faire ancestraux, la production communautaire et la consommation locale. Il participe à la préservation des modes de vie et des identités culturelles, tout en soutenant l'autonomie des communautés rurales face aux logiques de marché globalisées. Dans cette optique, le mil ne se limite pas à sa dimension nutritive : il devient un symbole d'entraide, de partage et de résilience collective, illustrant comment l'économie sociale et solidaire peut s'appuyer sur les ressources endogènes pour favoriser un développement durable, équitable et respectueux des traditions.

Que mes *Gamous Alpuular*, mes cousins Diolas, et mes chers parents, Tine, Diéne et Pouye, Ngom, Séne, Diouf, me pardonnent… Qu'ils comprennent que ce n'est pas vraiment moi qui parle, mais le Sérère qui s'invite à la table pour défendre son plat principal. Alors, faites preuve d'indulgence : si je prends la parole en leur nom, c'est parce que je mène ce combat pour eux, pour leurs causes.

Dr Alioune DIONE,
Ministre de la Microfinance
et de l'Économie sociale et solidaire.

INTRODUCTION

En général, en Afrique noire traditionnelle, la satisfaction des besoins matériels des familles incombe aux hommes.

Les différentes étapes de l'éducation du garçon le préparent à assumer son rôle de père et à subvenir aux besoins de sa famille. Ce conditionnement physico-psychologique lui confère des aptitudes adaptées aux dures réalités du monde rural, qui est caractérisé par la rudesse des conditions climatiques et par la faiblesse des moyens techniques.

Quand on sait qu'il a fallu également souvent mobiliser toute la gent masculine pour faire face aux défis sécuritaires, nous pouvons comprendre aisément l'importance des rites initiatiques qui s'apparentent à de véritables préparations militaires[1].

Quant à la jeune fille, elle subit généralement un processus de responsabilisation qui l'installe progressivement dans son rôle de femme au foyer que consacre officiellement le mariage. Les mamans pallient les absences des papas auprès des enfants, s'occupent des tâches ménagères et des beaux-parents, tout en contribuant aux travaux agricoles, quand les conditions s'y prêtent. Elles peuvent avoir leurs propres parcelles de culture pour faire pousser des légumes destinés à la consommation domestique.

La transformation des aliments et leur cuisson pour les différents repas sont à la charge exclusive des épouses. L'acquisition des techniques et astuces de cuisine s'accompagne du culte de la générosité et de l'assimilation d'un répertoire lyrique, qui fait de chaque occupation

[1] Ces aspects de l'initiation sont encore très visibles en Casamance (Sénégal) où les formes originelles de l'initiation sont restées plus ou moins intactes.

ménagère une forme d'exutoire fantastique. Les femmes chantent l'amour, la paix, le destin, les règles sociales ; elles déclament la vérité, chaque femme refait le monde dans son propre univers.

Cuisiner s'avère finalement être un savoir-faire et une manière d'être qui imprègnent suffisamment la femme pour faire de l'espace qui lui sert de cuisine, son royaume, sa propriété absolue. Entre la noirceur de la grosse marmite, léchée par les flammes silencieuses du bois posé sur un tapis de cendre, et celle de la suie qui peint jour après jour chaque centimètre des murs, la cuisinière ajoute une empreinte de féminité.

Les cuisines ne sont pas équipées de chronomètre, ni de verre doseur : tout se fait dans une approximation presque naturelle. La gastronomie y est encore véritablement un art qui laisse libre cours à l'imagination et fait appel aux sens pour fixer les quantités des ingrédients qui composent les différents plats. L'équilibre recherché dans le goût tient de l'intensité de la salaison, de la modération dans l'utilisation des épices, des portions de piment et de poivre ajoutées, et du degré de cuisson finale. Ainsi, pour caractériser le niveau de réussite d'un repas, la saveur, qui est déterminée par le dosage des épices, et la quantité de nourriture priment sur tous les autres aspects.

À la fin d'un repas, pour remercier celle qui a cuisiné, les Sénégalais utilisent la formule ouolof : *neex na, bàri na* (c'est bon et c'est en quantité suffisante), avant de prier pour l'abondance et la paix dans la famille.

Ils évoquent aussi le pouvoir de la main de la cuisinière, *saf loxo,* qui signifie littéralement « avoir la main épicée ». Ces termes plus légers sont employés dans une ambiance décontractée, quand les types de relations avec la généreuse bienfaitrice le permettent. Ils font allusion aux qualités de celle qui a l'habitude de servir des plats appétissants.

Compte tenu de l'ambiance des familles, souvent composées de plusieurs membres, un tour de cuisine est à chaque fois un défi renouvelé dans lequel la femme joue sa réputation. Par prudence, ces femmes déroulent les techniques et astuces apprises auprès de leurs mamans, auxquelles elles peuvent ajouter leurs propres créations, tout en évitant de trop s'éloigner des goûts communs.

Ainsi, au fil du temps, dans chaque contexte climatique, les produits du terroir sont à la base d'un menu général, dans lequel les cuisinières puisent en fonction des denrées de base qu'elles ont en possession.

Selon les saisons et la générosité de la mer, et surtout les dispositions psychologiques de la cuisinière, les caractéristiques des mêmes plats varient d'un jour à l'autre ou entre les concessions. Les types de plats sont catégorisés selon leur richesse protéique et le coût des ingrédients qui les composent.

De coutume, il y en a qui sont consommés normalement au dîner et au petit-déjeuner et d'autres au déjeuner. Les Sénégalaises font également des casse-croûtes pour leur famille ou pour faire des cadeaux. Selon le moment, la palette de choix est large et va du basique au luxe. La fréquence et le type de repas dépendent donc de l'importance des ressources matérielles dont dispose la famille ; celles-ci ne s'expriment pas en termes de pouvoir d'achat, mais plutôt en capital en nature, observable à travers le nombre de têtes de bétail ou le volume des récoltes annuelles. Évidemment, dans ce contexte, les plus riches détiennent des familles nombreuses qui s'expliquent par le régime de la polygamie en vigueur, pourvoyeur de nombre suffisant de bras aptes à supporter l'étendue des travaux agricoles.

Les habitations sont éparpillées dans la campagne, sur des parcelles de terre cultivées ou en jachère. Le patrimoine foncier familial se lègue entre les générations et s'élargit ou diminue selon l'évolution socio-économique des détenteurs.

Il arrive qu'un village se dépeuple complètement au profit de l'exode rural, qui reste un phénomène très actuel avec les difficultés récurrentes dans le monde rural. Le départ peut être aussi motivé par la réussite financière de l'un des membres de la famille qui s'est installé en ville.

Malheureusement, dans la majorité des situations, ces ruraux partent progressivement de la campagne pour constituer des bidonvilles malfamés dans les périphéries urbaines. Ils y sont exposés à toutes les dérives d'un microcosme qui est aussi le repère de personnes de moralité peu recommandable. Dans les quartiers formés de taudis sommairement érigés, la prostitution et la drogue s'ajoutent aux conditions d'hygiène très gênantes.

Ainsi, ces déménagements imposés par la pauvreté s'ouvrent sur de véritables périodes de traversée du désert pour les concernés.

À l'opposé, dans le cas où les conditions pluviométriques sont favorables, les modes de vie à la campagne peuvent être très agréables et apaisants. La vie au grand air et le contact avec la nature au quotidien ont des avantages considérables sur le bien-être en général. En plus des activités physiques, les villageois profitent d'une large gamme de fruits de saison qui sont bénéfiques pour la santé. L'abondance du gibier peut jouer un rôle crucial dans l'apport en protéine animale, en plus du lait et de la viande fournis par les animaux élevés dans chaque arrière-cour.

D'habitude, les campagnards échappent plus ou moins aux pathologies liées aux modes de vie citadins à cause de leurs régimes alimentaires sains et équilibrés. Ils mangent varié, marchent et travaillent beaucoup avec leurs bras.

Nous sommes ce que nous mangeons, dit-on ! Notre alimentation est normalement le fruit de notre propre environnement sauvage ou domestique. Les milieux naturels, supports des civilisations humaines, s'inscrivent dans des domaines climatiques majeurs qui gardent les mêmes caractéristiques générales.

Les géographes en sont arrivés à parler de zone intertropicale, par opposition aux milieux polaires, par exemple. Entre les deux parties, que de nuances climatiques avec des variations progressives faites de la combinaison des influences dues aux circulations de flux liquides et gazeux à la surface du globe.

L'inégale répartition du rayonnement solaire et la rotation de la Terre, qui provoque la déviation des fluides atmosphériques et océaniques par la force de Coriolis[2], sont les principaux moteurs de la circulation atmosphérique et océanique de la planète. La puissante énergie calorifique émise par le soleil active les composantes biochimiques de l'atmosphère, de la lithosphère et de l'hydrosphère pour rendre fertile la terre, premier support de la biosphère. Le soleil impulse le souffle de vie de la planète.

Globalement, les terres émergées et les masses océaniques exercent des influences très différentes sur la planète, y compris aux mêmes niveaux latitudinaux. En raison de sa bien plus grande capacité thermique, l'océan agit comme un puissant thermostat planétaire, modérant les variations de température de manière significativement plus efficace que les continents, qui se réchauffent et se refroidissent plus rapidement.

Les saisons sont la résultante des écarts entre les températures qui dépendent de l'intensité de l'influx solaire entre les grands domaines climatiques. Avec les différences de pression, telles dans des pompes aspirantes géantes, les flux d'air chargés de rééquilibrer les

---

[2] La force de Coriolis est une force d'inertie (ou force apparente) qui agit sur les objets en mouvement à la surface de la Terre.

températures se déplacent entre les anticyclones et les zones de basse pression. Durant leurs déplacements, les vents s'imprègnent suffisamment des propriétés des substrats traversés pour impacter sur le temps des périmètres récepteurs.

Cela justifie les caractéristiques de l'harmattan, vent suffisamment chargé de la poussière et de la chaleur du Sahara pour les déverser sur l'Afrique de l'Ouest durant plusieurs mois de l'année. Ce régime chaud et sec est interrompu vers le mois de juillet par les effets de la mousson qui naît au cœur de l'océan atlantique sud[3]. Elle aborde l'Afrique de l'Ouest par le Golfe de Guinée et s'installe petit à petit vers le nord, jusqu'à la limite sud du Sahara, avant de redescendre vers les régions équatoriales.

Sur le littoral ouest-africain, l'alizé maritime apporte une douce fraîcheur qui fait la joie des Sénégalais établis sur la côte, entre Saint-Louis et Dakar, durant quelques mois, entre décembre et mars.

Les courants marins, assimilables à des fleuves à l'intérieur des océans, ayant des fonctions similaires à celles des masses d'air, parcourent la surface du globe et adoucissent les températures positivement ou négativement.

L'ensoleillement, la latitude, la continentalité (ou la proximité de la mer) et l'altitude jouent sur les espèces du couvert végétal et les types de cultures développés par les communautés humaines.

L'individu, plongé dans cet environnement dynamique sur plusieurs millénaires, devient lui-même dépendant des réalités climatiques. Les composantes physico-chimiques des organismes vivants appartiennent à des sphères soumises à des cycles qui les réactualisent. Les substances minérales, organiques et liquides, ingurgitées à travers

[3] Anticyclone de Sainte-Hélène est le centre d'action générateur de la mousson.

l'alimentation et recomposées dans les corps vivants, finissent par être restituées à la nature qui se charge de les réutiliser continuellement. Alain Forment (1996 : 41) souligne que :

> *Puisque les molécules qui composent le corps humain sont entièrement tirées de l'alimentation, celles-ci représentent donc le lien physique le plus fort entre l'homme et le milieu.*

Dans la nature, il n'y a pas de déchets au sens de rejet inutile mais des états intermédiaires indispensables à l'existence d'autres formes de vie nécessaires au fonctionnement du système global.

À travers l'évolution, l'instinct de survie et le besoin inné de se nourrir ont poussé l'humanité à produire des techniques et des attitudes indispensables à son existence. Les plus grandes révolutions protohistoriques et historiques ont eu pour base principale la nécessité d'assurer les modes de satisfaction des besoins alimentaires.

Le mobile (ou la motivation) est resté le même, depuis les grands faits civilisationnels du néolithique jusqu'à la seconde guerre mondiale, en passant par le développement des bases de l'algèbre et de la géométrie, pour le partage des périmètres agricoles autour des grands fleuves tels que le Nil, et par tous les projets de colonisations des nouveaux continents. Qu'il s'agisse d'exploiter ou d'aménager de nouvelles terres, la quête du pain demeure le motif primaire.

La recherche d'équilibre entre les besoins de la population en ressources alimentaires et la capacité à les satisfaire a de tout temps haté les communautés, dont l'énergie déployée et la taille des dégâts induits dépendent des approches et des techniques utilisées[4].

[4] De la guerre du feu aux conflits nucléaires modernes…

À la base, la nourriture est une arme puissante dont la maîtrise constitue une étape indispensable dans le processus de l'affirmation identitaire et surtout dans la quête de souveraineté dans le complexe contexte de la globalisation.

Naturellement, après la satisfaction des besoins élémentaires, l'individu a tendance à trouver son plaisir dans d'autres types d'envie, avec un appétit souvent difficile à limiter. Quand cette voracité insatiable alimente les ambitions d'un tiers mégalomane ayant la possibilité de mobiliser des foules, la machine humaine qui se crée est difficile à enrayer.

Ainsi, la quête de notoriété de certains dirigeants, produits par des civilisations florissantes, a presque dénaturé la face de l'humanité avec l'entrechoquement de desseins de plus en plus grandissants. Aujourd'hui, les confrontations entre les entités civilisationnelles sont davantage portées par les rapports identitaires et culturels, qui impactent directement sur les modes de vie et mobilisent des communautés entières, au service des intérêts des grandes puissances industrielles.

L'opinion internationale s'alarme des dangers dévastateurs de la boulimie de la machine économique internationale qui menace désormais l'équilibre de la planète. Malheureusement, une bonne partie des activités se fait aux dépens des pays du Tiers-monde, qui essayent de suivre difficilement le rythme imposé par l'évolution technologique.

L'Afrique noire traditionnelle est le cas d'école le plus représentatif de ce phénomène d'assimilation culturelle, dont les ramifications économiques impactent durablement le devenir des États. Elle a payé le plus lourd tribut dans le processus de l'implantation du système-monde actuel, avec la rupture des piliers de son équilibre socio-culturel.

Les communautés avaient fini par maîtriser les aspects économiques de leur vie, à travers des connaissances et méthodes endogènes leur permettant d'interagir avec la nature. La capacité à s'auto équilibrer à la suite des chocs extérieurs, signifiée par la terminologie « résilience », y a été, de tout temps, le socle de la survie des communautés. Il s'y était établi de savants systèmes de sauvegarde des acquis sociaux basés sur des préceptes continuellement retransmis à travers des canaux institutionnalisés. L'individu ne se définit que dans le cadre de la communauté, vectrice d'identité et garante de la norme, dont les principes de fonctionnement sont installés et réactualisés au fil des générations.

Le concept de « durabilité » n'a jamais été un idéal explicitement recherché car il est inconsciemment inclus dans le quotidien. Les ressources minérales et végétales sont préservées par des croyances et des systèmes d'exploitation encadrés par le sacré.

Les activités agro-pastorales et celles de prélèvement des ressources de la nature, assurant la sécurité alimentaire, sont empreintes de pratiques mystiques, de superstitions mais également de formes de solidarité visant à garantir la disponibilité des ressources alimentaires à long terme et à atténuer les contrecoups d'un environnement souvent capricieux. La sacralisation de la nourriture par les communautés viendrait normalement des types de relations qui lient l'homme à la nature[5].

La modification des habitudes alimentaires serait donc une anomalie historique. Cependant, elle représente une suite logique, voire une conséquence naturelle de l'évolution sociale dans l'espace sénégalais soumis au

---

[5] Alain Forment (1996 : 41) ajoute que « puisque les molécules qui composent le corps humain sont entièrement tirées de l'alimentation, celle-ci représente donc le lien physique le plus fort entre l'homme et le milieu ».

phénomène de l'assimilation culturelle occidentale depuis bientôt plus de deux siècles[6].

Du point de vue institutionnel, il n'y a jamais eu de mesure concrètement encadrée visant à promouvoir la consommation des produits locaux. Peut-être que par la force de l'habitude, la posture incitative des médias aidant, l'apparent confort qui vise les standards occidentaux empêche toute forme de remise en question des habitudes alimentaires que nous avons adoptées. Il est difficile d'appréhender les transformations à l'échelle d'une génération qui a besoin de trouver ses marques dans l'air de son temps.

C'est seulement avec un recul historique suffisant qu'il est possible de percevoir toutes les supercheries qui se sont glissées dans la marche des sociétés.

Même si le *ceebu jën*[7] (riz au poisson), notre plat national, demeure une création bien sénégalaise du XIXe siècle, le riz fait partie des cultures commerciales promues par le colonisateur, en substitution aux cultures vivrières. Les communautés ont su adopter cette recette à base de riz et de poisson, créée par une certaine Penda MBAYE, qui serait originaire de la ville de Saint-Louis du Sénégal. Les poissons de l'Atlantique, associés aux légumes et au riz de la vallée du fleuve ont sûrement inspiré cette bonne dame qui aurait régalé pendant un temps les travailleurs établis sur cette île de l'embouchure du Sénégal, ancienne capitale de l'Afrique Occidentale Française (AOF) et du Sénégal[8].

---

[6] C'est dans les années 1820 que la France décida de mettre réellement en place un plan d'aménagement d'infrastructures publiques au Sénégal afin d'accompagner la vie locale.

[7] FALL Fatima et SY Alpha Amadou, *Le Ceebu Jen : Un patrimoine bien sénégalais*, L'Harmattan, 2021, 72p.

[8] La capitale est transférée de Saint-Louis à Dakar le 11 juin 1958.

Le *ceebu jën* a fini par ravir la vedette au *cere*, couscous (mil), pour s'inscrire sur la liste du patrimoine culturel immatériel de l'Unesco en 2021[9]. Cet événement constitue une belle consécration pour ce plat et renforce la notoriété du pays, un beau coup médiatique dont les retombées économiques ne sont plus à démontrer.

Le remplacement du mil par le riz dans l'alimentation des familles pourrait être interprété comme le symbole du déclin de la superstructure culturelle des communautés autochtones. En l'absence de mesures politiques et sociales orientées et encadrées, ces dernières demeurent très vulnérables face au rouleau compresseur de la mondialisation, qui a pris de nouvelles tournures à partir de la fin de la Seconde Guerre mondiale.

Le phénomène de transformation des mentalités au sein de la jeunesse initiée à l'école occidentale s'en est allé crescendo, malgré les alertes enregistrées sous le vocable *conflit de générations* dans la littérature locale à partir des années 1950. En proie à la modernité, les nouvelles générations bousculent les codes et les principes ardemment défendus par les gardiens du temple, les personnes âgées[10].

Malheureusement, compte tenu des avantages matériels et des atouts tactiques de la civilisation européenne, le processus est allé jusqu'à son terme.

---

[9] Le *ceebu jën*, art culinaire du Sénégal est inscrit en 2021 par le Sénégal sur la liste représentative du patrimoine culturel immatériel de l'humanité de l'Unesco.

[10] *Sous l'orage* de Seydou BADIAN publié en 1957 aux éditions Présence Africaine, traite du déracinement et de l'acculturation.

Maïmouna d'Abdoulaye SADJI publié en 1958 aux éditions Présence Africaine, traite de l'opposition campagne-ville. Cette ville qui attire, transforme et détruit

Le Monde s'effondre du Nigérian Chinua ACHEBE publié en 1958 aux éditions Présence Africaine, traite de l'intrusion de la modernité qui déstructure la société traditionnelle.

Les métamorphoses notées dans les modes de vie et de consommation sont étroitement liées à la restructuration de l'espace, avec notamment l'essor des villes côtières coloniales. Saint-Louis, Rufisque et Dakar sont reliées par un réseau ferroviaire[11] qui plonge vers le centre du Sénégal afin de drainer la production agricole et minière vers le port de Dakar. Sur les axes du rail, les villes-carrefours de Thiès, Diourbel et Kaolack, polarisant le bassin agricole, prennent de l'envol dans leur rôle de centres administratifs et économiques. Les anciens centres politiques de l'intérieur, non desservis par le réseau ferroviaire, sont freinés dans leur essor par les nouveaux paradigmes. Il en est ainsi pour les capitales du Kajoor, du Jolof, du Siin, du Saluum et du Waalo qui sont restées jusqu'à présent de gros villages dégarnis.

La confrontation des forces sociales en place, dans des villes telles que Saint-Louis et Dakar, est restée très favorable à la culture occidentale, avec qui certaines communautés ont su négocier pour y ajouter des éléments d'inspiration locale.

La fermentation culturelle s'est faite par paliers, en fonction des catégories sociales selon des rapports de vassalité ou de domination politique, économique, voire même religieuse, entre les sous-groupes. Naturellement, la pyramide sociale, qui se forme, privilégie la haute administration et les ténors de la vie économique locale qui drainent avec eux agents, courtiers et courtisans. Ceux-ci tentent, tant bien que mal, de rester dans les standards de la culture occidentale pour ne pas être en reste.

Ainsi, en même temps que la culture urbaine d'inspiration française se diffuse à travers le territoire via le chemin de fer et un réseau routier embryonnaire, les nouvelles habitudes alimentaires dites citadines se répandent peu à peu dans tout le pays.

---

[11] Le chemin de fer Dakar-Saint-Louis a été inauguré en juillet 1885.

Au fur et à mesure, l'évolution de la ville sénégalaise a charrié avec elle des réalités psychologiques qui ont développé un complexe d'infériorité dans la tête de certains habitants vivant dans la campagne.

Sous ce même registre, la ville avec son riz, sous toutes ses déclinaisons, s'oppose à une campagne consommatrice de couscous (mil).

Tel est le tableau sommaire que nous pouvons décrire pour matérialiser un aspect des tares congénitales qui plombent encore l'émergence du Sénégal indépendant.

Ainsi, la modification des habitudes alimentaires est un bon baromètre de la dynamique culturelle qui a évolué aux dépens des modes de vie traditionnels jadis organisés autour de l'agriculture et de l'élevage.

Le mil est présent en Afrique de l'Ouest depuis des millénaires et s'est naturellement imposé comme la principale culture vivrière. Le couscous, un de ses dérivés, est l'aliment de base des communautés établies entre les vallées du Sénégal et de la Gambie. Le professeur Boubacar Barry (1985 : 55) qualifie toute cette organisation sociale basée sur l'exploitation des produits de la nature, dans une zone soudano-sahélienne propice à la culture du mil, de « civilisation du mil et du lait[12] ».

L'introduction de la culture de l'arachide par les colons français n'a pas pour autant trop impacté la consommation du mil[13]. Au contraire, le nouvel oléagineux s'est marié parfaitement à ce dernier en lui servant d'ingrédient de base pour sa sauce la plus populaire, le *basi*. L'association mil-arachide connaît d'autres déclinaisons selon les types

---

[12] Opposée à la zone écologique de la Casamance, « civilisation du riz et de l'huile de palme ».

[13] L'arachide, une plante originaire d'Amérique du Sud, a été introduite en Afrique de l'Ouest par les Portugais au XVIe siècle. Sa culture a pris une dimension commerciale entre 1820 et 1840, sous l'impulsion de commerçants français, notamment de Bordeaux.

de transformation et les condiments supplémentaires utilisés.

C'est seulement par la suite, à partir des années 1980, que l'on commence à assister l'assignation généralisée du couscous à base de mil au repas du soir. Il perd ainsi peu à peu de la place au profit du riz et des pâtes importées, dont les effets nocifs sur la santé sont décriés par les diététiciens[14].

Aujourd'hui, l'analyse des facteurs qui ont présidé au recul de la fréquence de la consommation du mil dans les familles sénégalaises, malgré les initiatives communautaires visant sa valorisation, nous renvoie vers l'installation d'un village planétaire. Malheureusement, les dégâts engendrés par le choc des cultures ont, par un effet domino, touché de plein fouet le projet de développement des communautés subsahariennes.

Évidemment, une question aussi simple que celle des habitudes alimentaires, articulée ici autour de la consommation du mil, pourrait sembler être très loin de la stratégie nationale de développement du Sénégal.

Cependant, dans les différentes étapes qui mènent naturellement au développement, les processus de productions génératrices de ressources restent foncièrement dépendants de la consommation alimentaire. En s'émancipant de l'économie de subsistance et des réflexes de survie consécutivement à l'essor économique, les groupes concernés sont automatiquement en proie au désir de diversifier leurs consommations. La soif de produits culturels et de loisirs est exacerbée. Dans ce

---

[14] Selon l'agence Ecofin, au Sénégal, un habitant consomme en moyenne 100 kg de riz par an. https://www.agenceecofin.com/actualites-agro/1409-131446-comment-les-importations-de-riz-ont-evolue-au-senegal-sur-la-derniere-decennie, publié le 14 septembre 2025, vu le 31.12.2025 à 7h 45mn.

processus cognitif, il y a un rapport de causalité entre la satisfaction des besoins primaires et la manifestation d'une envie de consommation de produits non essentiels, tirant progressivement vers le luxe et le gaspillage dans les cas les plus extrêmes[15].

Ainsi, le mil, père du *cere dugub* (couscous à base de mil), étudié de la calebasse des semailles à la louche de la consommation dans le cadre familial, nous permettra de parler des croyances et superstitions, des symbolismes, du patrimoine culturel entretenu et surtout des valeurs véhiculées.

Avec, tout ce qu'il draine, le mil n'est pas qu'une simple céréale destinée à l'alimentation. Il participe à la satisfaction d'un besoin naturel et sa production dépend de la générosité de la nature. À travers lui, la mentalité collective de la société est perceptible et l'aphorisme de Jean Anthelme Brillat-Savarin (2019) : « dis-moi ce que tu manges, je te dirai ce que tu es [16]», décrété dans un autre contexte, trouve ici tout son sens.

Pour comprendre l'importance de la nourriture et des cérémonials qui l'accompagnent, il faudrait juste faire une revue imagée et aléatoire des rituels de repas issus de différents continents pour percevoir les singularités qui s'en dégagent. Que de symbolismes et de sens perceptibles à travers l'analyse comparative des supports utilisés et de la solennité des repas familiaux !

Cet ouvrage est d'abord une contribution au projet de développement du Sénégal qui cherche encore la meilleure voie à suivre, malgré la conjoncture internationale

[15] Le concept de « société de consommation » caractérise désir de profiter de biens de consommation et de services dans des proportions toujours plus importantes.

[16] Jean Anthelme BRILLAT-SAVARIN, *Dis-moi ce que tu manges, je te dirai ce que tu es,* Collection Folio Sagesses (n° 6620), Gallimard, 2019, 144 p.

difficile. À l'image des autres anciennes colonies de l'Afrique subsaharienne, des plans, des programmes, des projets avec des axes stratégiques et des actions prioritaires, sont régulièrement conçus afin de conserver une logique d'intervention avec des indicateurs de performance très pertinents.

Malgré les changements de régimes, les dénominations peuvent changer mais les objectifs restent les mêmes. La vision de développement est redéfinie en stratégies politiques, appuyées par l'administration centrale et des services techniques rompus à la tâche, en dépit de quelques dysfonctionnements provoqués par des brèches imputables souvent aux réalités socio-politiques.

Les structures décentralisées sont entourées de services déconcentrés, de citoyens engagés et d'organismes non gouvernementaux, qui travaillent avec les communautés pour la résolution des problèmes au quotidien, tout en se fixant comme objectif général le développement de la patrie[17].

Cependant, au vu des résultats mitigés, il est légitime de s'interroger sur la qualité des intrants utilisés et les méthodes choisies pour reconstituer l'ossature de l'édifice économique et social, profondément extravertie par l'évolution des influences exogènes de plus en plus systématisées.

Le diagnostic devrait porter d'abord sur les particularités physiques et climatiques et sur notre positionnement géographique par rapport au reste de l'Afrique et du monde. L'Afrique noire qui s'est ouverte définitivement à l'Occident à partir du XVIe siècle, a fait l'objet de fantasmes et d'aprioris influencés par les intérêts politiques et économiques d'une Europe en pleine

---

[17] La vision de société qui sous-tend actuellement le développement du Sénégal est celle d'un *Sénégal souverain, juste et prospère à l'horizon 2050*, ancré dans des valeurs fortes.

expansion. L'évolution de la réflexion sur les traits culturels des communautés subsahariennes devrait dévoiler les différentes perceptions qui ont joué dans les relations avec les autres civilisations.

Ensuite, en partant d'un modèle social traditionnel de référence, une introspection rigoureuse est à mener afin de déceler les failles enregistrées dans les principaux tournants de notre histoire commune.

Quels facteurs décisifs sont entrés en jeu à partir du moment où l'Afrique subsaharienne s'est engagée dans cette dynamique de crise qui n'a cessé de s'amplifier ?

À travers le mil, porte d'entrée de notre tentative de modélisation du développement du Sénégal, nous pourrons décrire les soubassements du modèle sociétal traditionnel que nous avons presque perdu.

La singularité, qui fait appel aux caractéristiques les plus remarquables d'un peuple, est un terreau qu'il faut entretenir et fertiliser afin d'y implanter l'arbre du progrès.

Enfin, il faudrait proposer un modèle en s'inspirant des trajectoires, des succès et des ratés des nations dites développées, pour réaliser une révolution sociale et culturelle, mère d'une révolution économique réussie.

PREMIÈRE PARTIE

CADRES D'EXPRESSION DU PATRIMOINE CULTUREL IMMATÉRIEL SÉNÉGALAIS

1.1 L'ouverture forcée de l'Afrique noire au reste du monde

Dans la mentalité collective universelle, il est généralement admis que l'Afrique authentique est celle qui est habitée par des populations ayant conservé les principales caractéristiques de la souche originelle, officiellement reconnue comme le berceau de l'humanité. Cette partie du continent est superposée à une réalité physico-humaine qui renvoie à une grosse portion du continent peuplée de mélano-africains, ayant des référentiels sociétaux presque identiques.

Une perception de l'Afrique a été imposée par une culture eurocentriste, soutenue par une armée de savants et d'hommes politiques. Il en est ainsi au sujet de l'ensemble des terres pas suffisamment explorées. Les représentations du monde ont évolué au fil de l'histoire[18] en fonction des avancées scientifiques et des enjeux géostratégiques nationaux.

Parallèlement aux intérêts politiques et aux exigences vitales d'une Europe en pleine expansion économique au XVIe siècle, les considérations raciales ont été exacerbées au point de sceller durablement la destinée de millions d'individus dont le tort est d'avoir une couleur de peau différente.

Dans leur œuvre de déshumanisation de la race noire, les tenants du trafic négrier ont usé de soi-disant théories religieuses et scientifiques dans l'objectif de prouver que les Négro-africains représentaient une espèce intermédiaire à dominer. Pour y arriver, il fallait servir à

---

[18] Ptolémée (90 à 168 apr. J.-C) a identifié sept zones principales allant de l'équateur (chaud) au pôle nord (froid) pour simplifier la géographie. Cette perspective, pertinente jusqu'au XVIe siècle, s'inscrit dans un modèle géocentrique où la Terre est au centre de l'univers, un modèle qui sera suivi pendant des siècles en Occident.

l'opinion publique un argumentaire suffisamment solide, pour justifier le commerce des esclaves africains déportés aux Indes occidentales.

Certaines thèses légitimant cette déprédation s'inspirent d'une longue tradition qui a très tôt positionné l'Afrique en pourvoyeuse de main-d'œuvre servile et de produits exotiques, à la Méditerranée et à la péninsule arabique, à travers le Sahara, la Mer Rouge et à partir des ports de l'Océan Indien. Cette relation commerciale avec le monde sémitique, impliquant des esclaves africains, est connue sous le nom de traite arabe.

La traite des Noirs, dans le cadre du commerce triangulaire atlantique, a hérité de préjugés raciaux profondément ancrés dans la mentalité collective, notamment dans la péninsule arabique et, par extension, en Afrique du Nord.

Ainsi, des passages de la Bible et du Coran ont été réinterprétés pour positionner les *Descendants de Cham*[19], *Compagnons de l'éléphant*[20] dans une situation de damnation divine, les condamnant à vivre éternellement dans la servitude.

Des anthropologues, anatomistes et naturalistes de l'époque ont utilisé des méthodes telles que la craniométrie[21] pour tenter d'établir des différences physiques objectives entre les groupes humains. Le

---

[19] L'histoire de Noé a été interprétée en identifiant l'un de ses fils, Cham, le père de Canaan, qu'il aurait maudit après une faute. Sa descendance serait condamnée à l'esclavage (*Genèse, 9 : 18-27*).

[20] Dans la Sourate *Al-fil (L'éléphant),* les compagnons de l'éléphant qui ont attaqué la Mecque en 570 sont identifiés comme des Noirs. Après cet assaut soldé par une défaite, ils seraient condamnés à vivre en enfer.

[21] La craniométrie, technique de mesure du crâne humain et de ses caractéristiques anatomiques, a connu un essor considérable au XIXe siècle, où elle a été la principale méthode utilisée pour tenter de quantifier la diversité humaine.

prognathisme, une mâchoire plus proéminente, un trait que l'on retrouve naturellement dans diverses populations humaines, a été arbitrairement associé aux populations africaines et présenté comme un signe d'infériorité, voire d'un lien plus étroit avec l'animalité.

Il s'agit de théories pseudoscientifiques qui ont eu comme résultat principal une installation durable d'un système d'exploitation de ce qui est qualifié de *bois d'ébène*. Un euphémisme qui traduit mal la violence de l'agression continue contre le continent africain pendant plus de trois siècles.

Le renforcement de la présence européenne sur le littoral ouest-africain au XVIe siècle a sonné le glas des grandes entités politiques de l'intérieur du continent. L'émiettement du territoire de la Sénégambie du Nord, consécutif à la dislocation du Jolof, trouve son explication dans cette situation[22].

Ce transfert des réseaux commerciaux, vers les régions côtières, est à la base d'une restructuration profonde d'un espace que se partagent désormais de petits royaumes vivant de l'économie de la traite négrière.

Face à la généralisation de l'insécurité, les populations sont soumises à trois alternatives : devenir esclavagistes, demeurer de potentielles proies ou déménager dans des zones d'accès difficile afin de reconstituer des communautés autonomes. Ces dernières sont assimilables à des îlots de fermentation culturelle, de véritables capsules temporelles qui ont réussi à conserver ce qui fait la quintessence du patrimoine culturel immatériel local. Ces organisations villageoises ont aussi tant bien que mal négocié le passage de la période d'occupation coloniale

---

[22] En 1549, le Kajoor se libère de la suzeraineté du Jolof à la bataille de Danki. Les autres royaumes vassaux (Waalo, Baol, Siin et Saluum) en profitent également pour prendre leur indépendance.

qui est systématisée à partir de la deuxième moitié du XIXe siècle par la France[23].

Au demeurant, la mission civilisatrice que se sont assignée les puissances du continent européen, avec en tête de pont la France et la Grande-Bretagne, est une suite logique de la conjonction de l'évolution des facteurs économiques et psychologiques. Les chamboulements provoqués par les transformations structurelles induites par la révolution industrielle en Europe, ont fini par se tasser en une nouvelle forme d'équilibre économique, social et politique. Dans cette nouvelle page de l'histoire universelle qui s'ouvre, la supériorité raciale ainsi incarnée a été un élément utile aux peuples occidentaux, parce que permettant d'impulser le sursaut identitaire nécessaire à la revendication d'une suprématie européenne sur le reste du monde.

La conférence de Berlin (1884-1885), initiée par le chancelier allemand Otto Von Bismarck, fut une preuve évidente d'une appropriation d'une image de l'Afrique considérée comme un ensemble de terres vacantes qu'il faut partager.

Cette posture des entités politiques occidentales s'inscrit également dans le contexte du long conditionnement mental de leur opinion publique, qui ôte à l'Africain la faculté d'accéder à la réalité abstraite des concepts et de secréter une quelconque civilisation.

En ce qui concerne la France, la période d'occupation effective de l'Afrique Occidentale Française (AOF) finit

[23] Même si une présence française existait déjà depuis le XVIIe siècle, avec le comptoir de Saint-Louis, la politique d'expansion militaire agressive a été systématisée à partir du milieu du XIXe siècle, sous l'impulsion du gouverneur Louis Faidherbe, arrivé en 1854 au Sénégal.

autour des années 1960, avec la pression des mouvements indépendantistes[24].

En dehors du continent, sous la perception de l'homme du commun, l'Afrique contemporaine est souvent résumée à sa partie noire et évoquée comme un ensemble géographique homogène malgré son immensité et la diversité de ses ensembles géo-climatiques. Ceci est le résultat de la focalisation des auteurs et des médias sur les sujets à sensation, sans réellement exposer les éléments de contextualisation.

Du point de vue de sa composition humaine, les parties Nord et Est de l'Afrique ont très tôt reçu des installations de leucodermes[25] qui se sont brassés avec les Noirs pour engendrer des groupes intermédiaires installés sur tout le Sahel. Les groupes *peuls* de l'Afrique de l'Ouest revendiquent avec fierté une origine nilotique[26].

En réalité, le Sahara n'a pas toujours été une barrière infranchissable, comme en attestent les traces physiques et les pictogrammes retrouvés sur les parois des grottes. La zone était bien arrosée et contenait un réseau de cours d'eau très dense, une faune variée et une flore luxuriante. Les populations ont été contraintes de migrer avec l'assèchement survenu vers la fin du Néolithique.

---

[24] L'AOF a été officiellement créée par décret le 15 juin 1895. Elle a existé jusqu'en 1958, date à laquelle ses territoires ont opté pour la création de républiques autonomes au sein de la Communauté française, prélude à leurs indépendances respectives en 1960.

[25] La Grèce a établi des colonies commerciales stratégiques sur les côtes africaines de la mer Méditerranée. Tandis que Rome y a conquis et intégré de vastes territoires. L'installation romaine s'est faite notamment aux dépens de Carthage (Tunisie actuelle) qui serait fondée par la reine Didon de Tyr (sud du Liban) en 814 avant J.-C. À l'Est, l'Abyssinie a aussi occupé le Sud de la Péninsule Arabique.

[26] Dans *Nations nègres et culture* (1954), Cheikh Anta DIOP expose sa théorie sur l'origine négro-africaine de la civilisation égyptienne et la parenté culturelle et linguistique entre l'Égypte antique et le reste de l'Afrique noire.

La recherche fait allusion à des flux de migrants entre l'Afrique du Nord-est et l'Afrique subsaharienne à partir du corridor de la vallée du Nil et des principaux cours d'eau de la zone soudano-sahélienne. Des vagues migratoires ont abouti au Finistère ouest-africain, dont la partie centrale est actuellement occupée par la République du Sénégal[27].

Cependant, il est important de signaler que pour marquer leur appartenance à un monde plutôt tourné vers la Méditerranée et le Machrek, les Maghrébins (Marocains) appellent les populations négroïdes très souvent par « Africains ». Cette réalité psychologique est héritée de l'évolution d'un monde antique qui a vu l'essentiel des grandes civilisations, connues à ce jour, évoluer sur la bande de terre qui va de la Méditerranée à l'Asie orientale, en passant par la Mésopotamie. Cette focalisation n'en est pas moins un manque d'intérêt porté sur les régions qui s'étalent au-delà du désert[28].

Au début de second millénaire, une littérature foisonnante d'expression arabe s'est constituée progressivement. L'essentiel des informations reçues aujourd'hui sur le *Bilad al Sudan*[29] (Pays des Noirs) occidental nous vient des chroniqueurs du Maghreb, de Cordoue et du Machrek tels qu'al-Bakrî (1014-1094), al-

[27] Dans ses « Cahiers », Yoro Dyâo (1847-1919) décrit l'histoire du peuplement de l'Afrique de l'Ouest à travers la théorie des six vagues migratoires qui seraient parties de la vallée du Nil (Égypte) pour s'installer progressivement en Afrique de l'Ouest, notamment dans la région du Fuuta-Tooro et au Sénégal.

[28] Le Maroc et le Sénégal manifestent un intérêt mutuel marqué, principalement en raison de leur proximité religieuse, notamment à travers la confrérie Tidiane.

[29] À travers la littérature arabe, cette terre qui s'étend au sud du Sahara, de l'Atlantique à la Mer Rouge, est dénommée *Bilad es-Sudan* (Pays des Noirs).

Idrîsî (1100-1165), ibn Battûta (1304-1377), ibn Khaldun (1332-1406), al-Hassan az-Zayâti (1490-1550) etc.

La majorité de « ces auteurs utilisent également des sources orales recueillies auprès de marchands, de voyageurs, de pèlerins ou d'autres informateurs » (Roger Botte : 2011). Certaines chroniques ont repris des récits fantaisistes, tendant à peindre des scènes montées délibérément de toutes pièces, afin de décourager les potentiels candidats au commerce au-delà du Sahara.

Ces textes ont été décisifs dans la perception de « l'univers africain » par les autres. Ils ont alimenté des imaginaires très souvent fallacieux où toute forme d'exagération est permise.

À partir du XVIe siècle, une production littéraire locale s'est développée avec des auteurs autochtones arabisés de Tombouctou. Les figures dominantes sont Mahmoud Kati (v. 1468-1593), Abderrahmane Es Saâdi (1596-1656) et Ahmad Baba (1556-1627).

Cette poussée littéraire est le résultat d'une intrusion civilisationnelle faite à travers les échanges entre les ports méditerranéens et les villes établies au sud du Sahara, via les « vaisseaux du désert », les fameuses caravanes chamelières.

En effet, le Maghreb a conservé pendant longtemps une constante connectivité avec le Sud, à travers le commerce de long cours des caravaniers à partir du Moyen Âge. Il s'agit d'un puissant réseau de pistes établi à travers le désert, alimentant les relations commerciales entre la Méditerranée et l'Afrique subsaharienne.

Les caravaniers transsahariens s'appuyaient sur un réseau de villes-étapes au Sahara, telles que Sijilmassa, Taghaza, Idjil et Agadez. Celles-ci menaient aux principaux centres d'échanges comme Aoudaghost, Oualata, Tombouctou, Koumbi Saleh, Djenné ou Gao[30], etc.

---

[30] « Gao apparaît par ailleurs comme le plus ancien centre urbanisé dans l'Ouest africain et dès la fin du VIIIe siècle la ville entre dans le

La voie d'accès au Soudan occidental passe par la cité commerçante d'Aoudaghost, rattachée à son tour à des circuits secondaires menant vers les mines d'or du Bambouk et du Bouré. Ces routes permettaient notamment de remonter des esclaves, de l'ivoire et des produits tropicaux comme la kola[31].

Dans la partie orientale du continent, les ports de Zanzibar, Mombassa, Tanga, Dar es Salam et Mtwara étaient les points d'appui de relations commerciales et politiques avec l'Orient et l'Asie lointaine. Des circuits commerciaux sont également établis entre ces différents ports pour s'enfoncer jusqu'en Syrie, en traversant la Péninsule Arabique ou en passant par le Golfe persique.

Tous ces mouvements de populations ont provoqué d'impressionnants brassages sur les différentes îles et les villes côtières de l'Océan Indien. Le cas le plus marquant est la grande île de Madagascar, qui a subi un métissage extraordinaire au fil du temps.

L'Afrique subsaharienne revendique une proximité avec l'héritage culturel des peuples bantous, khoïsans (hottentots), zoulous, ainsi que des peuples pygmées, qui sont établis dans diverses régions du continent.

Au-delà du Kalahari, s'étire une unité spatio-temporelle qui a connu une évolution culturelle particulière qui en ferait une sous-partie à part dans le continent, isolée par la forêt équatoriale et le désert.

La saga du peuple Zoulou, la beauté de leur patrimoine culturel immatériel engendré et surtout les tensions

---

circuit de l'économie internationale vers le Maghreb et la Méditerranée. [...] il existait déjà une présence berbère ibâdite importante, détenant sans doute le monopole du commerce vers le nord, preuve de communications plus anciennes ». Roger Botte, « Les réseaux transsahariens de la traite de l'or et des esclaves au haut Moyen Âge : VIIIe-XIe siècle », *L'Année du Maghreb*, VII | 2011, 27-59.

[31]Roger Botte (2011), *Ibid.*

raciales entre les Boers et les populations autochtones, ont attiré l'attention sur l'Afrique du Sud. Durant les années 1980, le combat autour de la ségrégation raciale, relayé par l'opinion internationale sous le vocable d'*apartheid*, a suscité une curiosité et un sentiment de solidarité, stimulant le désir de redécouvrir l'histoire des peuples de l'Afrique méridionale.

L'Afrique centrale, bien que percée par les civilisations occidentales, avec une belle présence du christianisme, demeure encore très attachée aux pratiques ancestrales, aidées sûrement par la présence de la forêt équatoriale.

La diversité ethnique s'explique surtout par l'isolement prolongé des communautés, dans un espace entravé par un couvert végétal et un réseau hydrographique généralement denses. Le foisonnement des ressources naturelles, dû à la richesse, à la complexité et à l'équilibre des écosystèmes, reste favorable à l'enfermement des groupes humains qui trouvent ce dont ils ont besoin dans leur milieu pour survivre dans une parfaite autarcie. Au sein des États modernes contemporains, ces communautés sont obligées d'utiliser la langue du colonisateur comme langue véhiculaire dans le cadre de leur communication interne.

Globalement, l'Afrique est composée de milliers d'ensembles géo-écosystémiques présentant des particularités propres, qui modulent les modes de vie des groupes humains qui y vivent. Les domaines écologiques abritent des populations parlant des langues différentes et ayant des modes de vie adaptés aux milieux physiques et climatiques d'accueil. Il s'agit d'une diversité extraordinaire, tant du point de vue des différents phénotypes que des identités culturelles. Naturellement, les facteurs physiques et climatiques déterminent les grands ensembles, de véritables sous-continents, partageant les mêmes problématiques de développement et souvent les mêmes problèmes politiques.

Le tableau général de cette Afrique évoluant à plusieurs vitesses, avec des focalisations multi azimutales, rend l'intégration politique et économique difficile. Les cycles de dominations étrangères ont laissé des traces difficilement négligeables dans l'élaboration d'un projet d'unité économique et politique. Les frontières culturelles sont devenues de véritables obstacles congénitaux pour le projet d'Union Africaine, à l'image du modèle américain ou même européen. Malheureusement, au niveau international, l'avenir des Nations se trouve dans les grands ensembles qui se livrent à une perpétuelle concurrence.

La situation économique du monde actuel est le résultat de victoires continues sur les obstacles naturels mais également sur les facteurs ralentissant le déplacement des hommes et des flux d'informations et des biens à la surface de la Terre. Ce qu'on appelle aujourd'hui progrès universel, ou développement, s'est imposé comme l'unique alternative à l'ensemble des pays dits en voie de développement, qui peinent à brûler les étapes afin de suivre la cadence des innovations technologiques en cours. La trajectoire de chaque pays développé a été marquée, à chaque étape, par des référentiels spécifiques et des défis endogènes intrinsèquement liés à la sociologie et aux réalités physiques et climatiques.

La réflexion scientifique menée sur les phénomènes socio-économiques, surtout à partir du début du XIXe siècle, selon qu'elle soit dans une posture analytique ou dans une démarche prospective, quoique s'entrechoquant souvent, s'articule autour de problématiques contextuelles.

L'humanité s'est attachée naturellement à mettre davantage les projecteurs sur les théories qui ont appuyé ses grands succès, au détriment de toutes celles qui cherchent des explications à des phénomènes malheureux, engageant la responsabilité de tiers peuples ou d'entités politiques.

À chaque fois qu'une thèse défend une cause touchant la question de la domination raciale, elle est vite battue en brèche ou opposée à d'autres idées plus conciliantes et plus digestes à un monde très éprouvé par les considérations identitaires.

La curiosité et la quête d'exotisme et de sensation ont parfois motivé des récits, des analyses et interprétations de la part de voyageurs, de fonctionnaires et de scientifiques de la période précoloniale et coloniale. La réutilisation de cette foule d'informations sur des aspects des sociétés d'Afrique noire dans des visées expansionnistes, peut ne pas toujours engager la responsabilité des auteurs qui sont mus très souvent par une volonté de contribuer à la compréhension du monde et à l'évolution de la science. La perception de l'Afrique par un même auteur peut changer au fur et à mesure de ses productions.

Avec le recul, cette Afrique, confinée à la marge du monde connu par la barrière du Sahara, est parvenue à l'Occident sous une forme simpliste à travers des bribes d'information. Le monde scientifique se devait d'expliquer les différences politiques, religieuses, culturelles, sociologiques et économiques.

> *L'Afrique, aussi loin que remonte l'histoire, est restée fermée, sans lien avec le reste du monde ; c'est le pays de l'or, replié sur lui-même, le pays de l'enfance qui, au-delà du jour de l'histoire consciente, est enveloppé dans la couleur noire de la nuit (Hegel 1965 : 247)*[32].

[32] Analysant les propos de Hegel, Amadou Aly DIENG (2006 : 123) soutient que l'exclusion de l'Afrique de l'histoire universelle n'est guère due à des raisons racistes. Elle s'explique par des raisons climatiques, mais essentiellement par des raisons tenant de sa configuration géographique.

Difficile de croire que toutes ces thèses sur l'Afrique, souvent teintées de racisme, aient été délibérément émises dans l'objectif de satisfaire une quelconque ambition démoniaque. Par respect pour les efforts de réflexion consentis, notre devoir de neutralité et notre qualité de scientifique nous imposent une analyse froide, dans le but de comprendre l'origine des méprises dans la perception de la réalité.

D'ailleurs, la démocratie européenne n'avait pas fini sa mue pendant que la majorité des thèses sur l'Afrique dite « primitive » était en vogue.

L'ouverture forcée du continent noir est en réalité une suite normale de l'évolution du monde de l'époque. La cristallisation des résultats des recherches empiriques est suivie par la mutualisation des découvertes qui se structurent pour une application dans les stratégies économiques et politiques. Les succès des États sont imputables à la pertinence des chercheurs qui s'attèlent à la résolution des problématiques qui sont soulevées.

En effet, le destin de l'Afrique noire reste solidement arrimé à ceux des métropoles européennes, à partir de la densification des relations économiques et politiques du début des temps modernes. Les mouvements des idées et les orientations politiques, en dépit des révolutions et tensions, n'ont jamais cassé fondamentalement le continuum évolutif dans lequel l'Afrique noire s'est engagée.

Ces nations dites dominées sont demeurées des sujets, des terrains d'expérimentation mais également, et surtout, des sources d'approvisionnement en matières premières pour alimenter les machines économiques des puissances européennes en plein essor. Aujourd'hui, le processus arrivant à maturité, l'exploitation économique est sous-tendue par un conditionnement psychologique utilisant les flux culturels, via les technologies de l'information et de la communication.

L'humanité est une réalité intemporelle, diverse et en même temps indivisible. Des profondeurs de l'histoire aux coins les plus isolés de la planète, le génie humain est formaté pour réagir presque aux mêmes stimuli. Les peuples, tels des plastrons malléables, sont mobilisables pour toutes sortes de causes, il suffit juste d'utiliser un argumentaire plausible pour les rendre digestes. Les facteurs qui peuvent changer la perception de la vérité sont forcément dans le contexte local : « vérité en deçà des Pyrénées, erreur au-delà » disait Blaise Pascal, le célèbre philosophe français du XVIIe siècle, auteur des « Pensées ». Comme pour dire qu'il n'y a pas de peuple mieux disposé à accueillir la modernité, il faut juste traduire cette dernière en langage local avec des référentiels intrinsèques. Le reste est une question de stratégie et de moyens matériels visant la réalisation de la vision de société définie.

1.2 Cadrage épistémologique et spatio-temporel

Il s'avère nécessaire, voire indispensable, de dépoussiérer les archives afin de ressusciter les théories de certains penseurs des siècles précédents. Cependant, les replacer dans les contextes propres aux sujets qu'ils ont étudiés, est inévitable pour une compréhension optimale du sens de leurs propos. L'idée ne serait pas de faire une revue critique visant à valider ou à départager les thèses de ces grands théoriciens qui prennent souvent des axes opposés dans leurs raisonnements. Leurs travaux ont le mérite de faciliter l'interprétation et la structuration des connaissances portant sur les civilisations des peuples des terres explorées, dans le cadre des missions et explorations post-révolution industrielle. Le décryptage des modes de vie et des phénomènes sociaux s'est poursuivi, en confirmant ou en récusant les récits de particuliers et les rapports d'administrateurs et d'hommes d'Église, tout au long de l'occupation coloniale.

Notre démarche consiste à faire un focus sur la situation actuelle du sous-continent pour une adaptation de la réflexion dans l'optique de produire une stratégie gagnante. L'objectif visé est une contribution efficace au devenir de nos Nations, qui sont liées à un système-monde rythmé par la cadence soutenue des progrès technologiques.

Le diagnostic préopératoire part des éléments historiques qui fondent la structure actuelle des communautés. Cette quête d'éléments culturels ou de modèles sociaux, pouvant servir de référentiels de base à notre travail, épouse l'évolution des phénomènes dans le temps et leur répartition dans l'espace.

La dimension temporelle retrace le parcours de communautés en proie à des contraintes et à des contradictions internes qu'elles doivent gérer, tout en négociant avec l'intrusion de facteurs exogènes.

La séquence spatio-temporelle, qui nous donne assez de recul sur la réalité culturelle du Sénégal, remonte au moins jusque dans les années 1820. Cette période est marquée par une décision de l'autorité française de porter plus d'attention à la colonie avec le renforcement de la sécurité sur certains sites, suivi de l'édification de lieux de culte et d'écoles[33].

L'attachement des entités étatiques à leur visibilité sur la scène internationale provoque une mêlée pour un positionnement stratégique.

Ainsi, l'Europe, en proie à une situation critique, trouve une voie de salut dans l'occupation de nouvelles terres et des alliances internationales qui ont été fatales à la paix mondiale.

Juste après la Grande Guerre, l'essor non contrôlé d'un système économique international interconnecté aboutit à l'éclatement de la bulle spéculative, accentuant le calvaire des vaincus, qui accusent à peine les sanctions décidées à Versailles en 1919.

L'internationalisation rapide des affrontements de la Seconde Guerre mondiale tient de l'ingérence et de l'occupation de nouveaux territoires hors du continent européen.

La sous-séquence spatio-temporelle, dans laquelle vit le Sénégal, commence avec son accession à la souveraineté internationale. Elle trouve son contexte de départ dans cette période d'après-guerre, avec la décision controversée de la France d'accéder aux revendications

[33] L'instituteur Jean Dard a fondé en 1817 la première école française à Saint-Louis, au Sénégal. Durant les années 1820, l'Église catholique a étendu son influence avec l'aide du gouvernement colonial. C'est à cette époque que la cathédrale de Saint-Louis a été construite et inaugurée en 1828.

indépendantistes de ses colonies d'Afrique noire qui, de par leur contribution, ont joué un rôle décisif dans l'issue du dernier conflit mondial.

Cependant, il faut reconnaître que les années 1950 coïncident avec la fin d'une période, dans laquelle les frustrations provoquées par les jeux d'influence et les rivalités entre puissances ont suscité un regain du nationalisme.

Au demeurant, à l'issue des affrontements militaires, les deux camps vainqueurs s'affrontent idéologiquement dans le cadre de ce qui est baptisé la *guerre froide*, jusqu'aux années 1990. Leurs doctrines diamétralement opposées séduisent un tiers-monde qui se fissure. Les jeux de parrainage débouchent sur des affrontements indirects, par l'intermédiaire des soutiens apportés aux protagonistes des différents théâtres des opérations.

Les trois premiers quarts du XXe siècle peuvent être considérés comme une période de transition, de sélection naturelle, mettant en compétition les forces issues des acquis scientifiques et technologiques enregistrés.

Il faut attendre les années 1980 pour sentir une accélération de la marche du monde, qui hâte l'expansion du modèle capitaliste à la surface de la Terre. La société sénégalaise aura connu une réelle métamorphose dans les décennies suivantes. Les progrès infrastructurels cachent bien les changements de mentalité et retardent l'écho que cela devrait avoir en haut lieu, pour susciter la mobilisation générale, afin de sauver l'âme du pays.

La présentation de ce tableau dans la première partie de ce travail nous permettra de camper le débat sur l'effilochement de l'identité nationale, avec une rupture nette au début des années 2000, suivie d'une accélération vertigineuse. Le développement des technologies de l'information et de la communication vient peser remarquablement sur le processus d'uniformisation des modes de vie à la surface du globe.

La complexité du sujet de la culture africaine rejette d'emblée toute linéarité dans la lecture globale des données. Même les phénomènes propres au contexte local n'obéissent pas toujours à la même chronologie des faits majeurs universels. La texture de notre patrimoine culturel immatériel traditionnel échappe fondamentalement au schéma standard de l'évolution de l'humanité, basée sur les grands tournants des civilisations eurasiatiques.

Du moins, c'est ce que nous avons remarqué jusqu'à la connexion des communautés subsahariennes au reste du monde, via les réseaux internationaux des transports et de la circulation de l'information.

Dans l'étude des civilisations africaines subsahariennes, la sémantique peut constituer également un obstacle dans la qualification des phénomènes. Les rapports entre humanité, nature et spiritualité sont manifestes et forment les bases principielles de la vie des peuples indigènes. Le modèle socio-culturel en vigueur a prévalu pendant plusieurs centenaires en se perfectionnant au fur et à mesure des nouveaux défis.

À la longue, il s'est constitué une puissante structure sociale vivante, dépassant le cadre individuel et conjoncturel. L'ossature psychosociale créée est un ingénieux système composé de procédures et de solutions toutes faites, assimilables à ce que nous pouvons appeler aujourd'hui, en langage informatique, algorithmes. Le sens pratique et moral des valeurs véhiculées l'emporte sur la vérité scientifique. Les communautés mettent l'accent sur les valeurs sociales et identitaires, héritées des aïeuls dans un respect strict du devoir de leur transmission aux générations futures. Cette option a permis le maintien des identités des communautés, qui sont ouvertes à leurs voisins immédiats avec qui elles forment un écosystème économique ou une entité territoriale formelle.

Au moment où l'Europe découvre grandement les peuples d'Afrique intertropicale, les progrès enregistrés dans plusieurs domaines, sous-tendus par une forte érudition, ont faussé d'emblée la compréhension des sociétés indigènes. En s'arrogeant la fonction de dépositaire de l'héritage universel, l'Europe s'appréhende comme le principal maillon actuel de l'évolution de l'humanité. C'est pourquoi les cultures africaines, qui suscitent l'intérêt des penseurs au cours du XIXe siècle, sont analysées sous le prisme du parcours des sociétés occidentales.

Ainsi, les religions traditionnelles africaines sont perçues comme des reliques des croyances primitives, qui ne sont qu'une étape vers l'adoption de systèmes de pensée plus complexes[34].

Ces préjugés se manifestent à travers l'objectif assigné à la nouvelle discipline scientifique, l'*anthropologie.* Cette dernière est qualifiée de :

> *méthode non historique d'étudier et d'évaluer les cultures et les sociétés des peuples primitifs, ceux qui n'avaient pas d'histoire digne d'être étudiée, ceux qui étaient « inférieurs » aux Européens et qu'on pouvait commodément distinguer par la pigmentation de leur peau*[35].

---

[34] Durkheim, dans son ouvrage *Les formes élémentaires de la vie religieuse*, a étudié le totémisme comme la forme la plus « primitive » de religion pour comprendre la religion en général. Émile L. Lévy-Bruhl a développé le concept de la « mentalité primitive » ou « prélogique », qu'il attribuait aux peuples « primitifs », y compris africains.

[35] J. Ki-Zerbo (dir.), *Histoire générale de l'Afrique : Méthodologie et préhistoire africaine*, Unesco, 1999, p.52

Tout porte à croire que cette science a été créée afin de servir d'outil d'analyse capable d'appréhender les réalités de sociétés qui se présentent foncièrement en dehors des modèles classiques.

Subitement, avec les réorientations des relations politiques avec l'Afrique noire, les Nègres sont davantage perçus comme des païens dont il faut sauver les âmes à travers la servitude. Désormais, il faudrait leur reconnaître une posture intermédiaire entre l'animal et l'humain, des peuples dénudés de civilisation qu'il faudrait secourir. Ainsi, le prétexte civilisateur et humanitaire a été brandi pour justifier le projet de colonisation devant l'opinion publique de mieux en mieux informée.

En effet, dans la littérature scientifique de la seconde moitié du XIXe jusqu'au début du XXe siècle, les traits de l'évolution des sociétés traditionnelles noires renvoient plus à une forme de déterminisme climatique qui a été défendue par des penseurs comme Carl Ritter (1779-1859) et Friedrich Ratzel (1844-1904). Selon ces derniers, la topographie et le climat influencent l'activité physique et psychologique et déterminent l'organisation sociale.

Dans le contexte africain traditionnel, la dimension spirituelle pourrait être assimilable à une forme de consensus face à une nature hostile.

Devant l'omniprésence de la mort, avec la vulnérabilité des communautés, des parades sont secrétées afin d'accepter ou d'atténuer la douleur qu'elle inflige au quotidien. En quelque sorte, ici, la religion a également un effet éther, parce qu'elle impute la responsabilité des accidents et des divers maux au divin, sur le compte duquel sont reversés tous les phénomènes qui relèvent du mystère.

Cependant, il faudrait surtout nuancer, afin de contextualiser des épiphénomènes, qui sont assimilables à des réactions naturelles devant presque les mêmes stimuli.

La période d'insécurité ambiante et surtout de précarité a été assez longue pour modeler sensiblement les consciences et les structures sociales, pour déboucher sur la formation de fond culturel commun entre les peuples soumis aux mêmes contraintes, dans un espace intégré.

Ainsi, cette théorie du déterminisme a été opposée à celle du possibilisme[36], sûrement pour ne pas verser dans l'instrumentalisation de la science notée dans la période esclavagiste et post-esclavagiste des XVIIIe et XIXe siècles. Aussi par pudeur, malgré le maintien de l'exploitation économique d'une partie de l'humanité, les verrous de l'aspect fataliste du déterminisme sont théoriquement sautés pour ouvrir la possibilité d'opérer des choix, dans les relations entre l'homme et la nature.

De ce fait, la position la plus conciliante reviendrait à accepter que l'exploitation de l'environnement par les groupes humains soit faite en fonction de techniques et de choix que ceux-ci développent. Cette posture est consacrée par l'expression : « la nature propose, l'homme dispose ».

Durkheim renchérit,

> *dériver toute la vie sociale de son substrat matériel (soit économique, soit territorial) [...], c'est oublier que les idées sont des réalités, des forces, et que les représentations collectives sont des forces plus agissantes encore et plus efficaces que les représentations individuelles*[37].

---

[36] Le possibilisme est un terme utilisé pour désigner l'approche des relations entre la société et la nature, proposée par Paul Vidal de La Blache (1845-1918).

[37] Émile Durkheim (1912), *Les formes élémentaires de la vie religieuse. Le système totémique en Australie*, Paris, Les Presses universitaires de France, 1968, cinquième édition, p.327

Il faut dire que la rigueur scientifique nous impose de décomplexer les thèmes et les terminologies, pour élaborer des sujets et concevoir des outils d'études en adéquation avec les caractéristiques des phénomènes fondamentaux de l'Afrique noire.

L'autre aspect touche la dimension géographique du phénomène de déstructuration sociale et culturelle, qui dépend des axes de pénétrations des cultures étrangères, de l'équilibre du milieu naturel et surtout du degré d'ouverture à la modernité.

L'Afrique de l'Ouest, du fait de la précocité de ses contacts avec le monde arabo-berbère et de sa position géographique par rapport à l'Occident, a connu une évolution particulière. Elle renvoie à l'espace qui va de l'océan atlantique au lac Tchad et de l'Adamaoua à l'Aïr et l'Adrar des Iforas. La platitude du relief a favorisé les déplacements de populations et l'installation d'entités politiques, qui ont occupé la presque totalité de son territoire.

L'historiographie moderne et contemporaine informe de mouvements de populations entre la vallée du Nil, les terres inondées par le lac Tchad et des affluents, la boucle du Niger et la vallée du Sénégal. Ceci expliquerait en grande partie les similitudes notées entre les populations éparpillées dans tout le Soudan.

À l'échelle locale, entre la vallée du Sénégal et celles du Rio Cacheu, du Rio Geba et du Rio Corubal, au Sud, et de l'océan Atlantique à l'Ouest du Mali, s'est installée une unité culturelle favorisée par l'envergure des ensembles politiques précoloniaux et par les mouvements de populations volontaires ou forcées depuis l'antiquité.

En l'absence d'obstacle physique majeur, les différentes zones écologiques ont engendré des activités économiques, ayant des productions complémentaires, qui ont provoqué une intégration des communautés qui se sont partagé l'espace au fil du temps. D'ailleurs, c'est ce qui a poussé le penseur Sénégalais Boubacar Barry à proposer de faire un focus sur les réalités historiques, culturelles et économiques de ce territoire, qu'il appelle la Grande Sénégambie, afin de lancer le projet politique de l'intégration sous régionale[38].

Cette partie du Soudan occidental est composée de deux grands domaines climatiques : le climat soudano-sahélien au Nord et le climat équato-guinéen au Sud. Le premier, moins arrosé, enregistre des saisons pluvieuses qui ne dépassent pas 120 jours. Cette zone est habitée par des populations ayant traditionnellement des activités agro-pastorales portées sur les cultures céréalières et sur l'élevage d'ovins et de caprins, côtoyant des bovins. Elle couvre les terres comprises entre les vallées du Sénégal et de la Gambie et bordées par l'océan Atlantique.

En deçà de la Gambie, on retrouve une végétation plus dense avec un régime pluviométrique plus intense, c'est le domaine de la riziculture et de l'exploitation des produits forestiers. Barry parle de *civilisation* du *riz et de l'huile de palme*, pour particulariser ce grand ensemble écolo-culturel localisé au sud du pays.

C'est sur ces deux grands ensembles écologiques que se sont dessinées les frontières de la future colonie qui deviendra l'État indépendant du Sénégal à partir de 1960. Cette nouvelle entité territoriale est limitée ainsi au Nord et à l'Est, par la vallée du Sénégal, qui constitue une frontière naturelle avec la Mauritanie et le Mali, au Sud, par une frontière virtuelle qui se perd dans la forêt partagée avec les deux Guinées.

---

[38] Dans *La Sénégambie du XVe au XIXe siècle*, M. BARRY démontre l'existence d'une unité régionale profonde qui transcende les frontières nationales actuelles entre le Sénégal, la Gambie, la Guinée-Bissau, la Guinée-Conakry, le Mali et la Mauritanie.

L'océan Atlantique, qui borde toute sa façade ouest, constitue sa principale ouverture sur les réseaux de communication maritimes internationaux.

Néanmoins, il faudrait déjà avouer que la situation de la société sénégalaise n'en est pas pour autant désespérée. Les survivances des traditions sont encore suffisantes et assez expressives pour servir d'éléments de base au projet d'émergence d'une société prospère. La proximité historique avec les traces de ce Sénégal authentique fait que la mentalité collective est encore assez vivace pour accueillir l'exaltation de certaines valeurs.

1.3 Les cultures sénégalaises : entre rejet et assimilation

Le commerce transsaharien prend réellement son essor au début du VIIIe siècle, à la suite de la conquête de l'Afrique du Nord par les Arabes et sous l'impulsion des Berbères ibâdites. Le Maghreb subit une forte pression pour répondre à la demande en esclaves des Omeyyades, puis des Abbassides. L'intensification de la conversion à l'islam dans la région a tari les sources d'esclaves[39] au Maghreb, suscitant un intérêt croissant pour la main-d'œuvre servile subsaharienne, en remplacement des Berbères. Or, ce sont ces derniers qui saisirent l'opportunité de faire venir des esclaves du Bilâd as-Sûdân - ou « Pays des Noirs » - créant ainsi une nouvelle source d'approvisionnement qui s'ajouta au commerce préexistant de populations nubiennes, éthiopiennes, somalies et des Zanjs de la côte orientale d'Afrique[40].

Le premier contact décisif de la Sénégambie du Nord avec une civilisation étrangère est survenu avec le mouvement almoravide, qui a voulu procéder à l'expansion de l'islam jusque dans la moyenne vallée du Sénégal, à partir du XIe siècle. Ces conquérants, également venus du Maghreb, provoquent une intrusion organisée de la culture arabo-berbère dans cette partie de l'Afrique occidentale. Les échanges entre le Maghreb et l'aire subsaharienne ont perduré par le biais du commerce

---

39 L'islam a fortement encouragé l'affranchissement des esclaves, en particulier des esclaves musulmans. L'affranchissement était considéré comme un acte de grande piété, un moyen d'expier ses péchés, et dans certains cas, une obligation légale.

40 Roger Botte, « Les réseaux transsahariens de la traite de l'or et des esclaves au haut Moyen Âge : VIIIe-XIe siècle », *L'Année du Maghreb*, VII | 2011, p.31 ; en ligne : https://doi.org/10.4000/ann, consulté le 15.12.2023.

transsaharien, au profit des grandes cités marchandes des empires médiévaux de l'Afrique de l'Ouest.

Au cours du XVIe siècle, c'est le tour des Européens d'intensifier leur présence sur les régions côtières avec deux principaux points d'ancrage : Saint-Louis et Gorée, pour ce qui concerne le Sénégal. Au début, les activités commerciales s'organisent d'abord autour de fortins, puis de forts qui s'animent uniquement au moment des passages de navires marchands. Après un long moment de précarité sur les sites, un semblant de vie normale commence avec l'installation de familles formées de couples mixtes, souvent recomposées.

Progressivement, cette couche sociale, écartelée entre les civilisations, développe un phénomène d'hybridation culturelle. Les traces du résultat de cette fermentation sociale sur les deux sites sont bien assumées et revendiquées par les familles héritières. Le cas le plus marquant est celui de la bourgeoisie locale métissée, avec un style vestimentaire authentique incarné par les mulâtresses, consignées par l'histoire sous le nom de *Signares*[41]. Ces femmes se sont distinguées par leur culte du raffinement et leurs modes de vie originaux, marqués par des emprunts culturels variés.

Par ailleurs, si on s'y penche de plus près, le prototype du *Doomu Ndar* contemporain (fils de Saint-Louis du Sénégal) est le fruit d'un savant mélange de cultures occidentales, arabo-berbères et autochtones. Saint-Louis demeure un important centre de diffusion culturelle et incarne une authenticité qui inspire toujours la fierté de ses habitants.

---

[41] *Signare* est une déformation du portugais *Senhora* (ou peut-être l'espagnol *señora*), qui signifie « dame » ou « madame » et désigne une classe bourgeoise et métisse qui commence à s'affirmer véritablement vers les années 1750 sur Saint-Louis et Gorée.

Selon les situations, des réadaptations, des concessions et des rejets sont le fait de communautés, au contact d'autres peuples et surtout face aux tentatives de greffe systématique de la civilisation du colonisateur français. À l'origine, l'école associée à la mosquée ou à l'église, a servi d'instrument d'assimilation des populations indigènes. Évidemment, l'instruction demeure le moyen le plus puissant pour maîtriser le destin d'un peuple, l'asservir ou le développer.

L'influence arabo-berbère, en s'appuyant principalement sur le vecteur de la religion musulmane, a utilisé des centres religieux locaux comme relais pour imprégner les différentes couches sociales. Des guides autochtones ont mené le travail de conversion et de mobilisation des fidèles autour des confréries qui caractérisent de nos jours l'islam au Sénégal. Ils ont utilisé les structures sociales et les langues locales pour diffuser leur message, créant des *dahiras* (cercles de disciples) et des foyers religieux qui sont devenus les piliers de la société sénégalaise contemporaine.

La terminologie *islam noir*[42] a été utilisée pour qualifier le résultat de la tropicalisation de cette religion qui est arrivée au compte-goutte dans cette partie de l'Afrique. Les populations ont eu le temps de l'intégrer en l'associant aux croyances traditionnelles.

Sous un autre angle, l'apport culturel étranger peut être perçu comme un enrichissement qui a amélioré les conditions de vie des populations et a stimulé le génie créateur local quand la paix, propice à l'équilibre politique

---

[42] *Islam noir* est également, le titre d'un ouvrage publié en 1964 au Seuil par Vincent-Mansour Monteil. Cet « islam noir », à l'image de la religion musulmane pratiquée en Afrique de l'Ouest sahélienne, aujourd'hui le Mali, le Sénégal, le Burkina Faso, le Niger ou le Nigeria... L'opposant à l'*islam arabe,* il y faisait le portrait d'une religion syncrétique et tolérante, une vision qui s'accorde bien mal avec le déchaînement de violences.

et à la créativité, a commencé à revenir vers les années 1900.

Cependant, la révolution culturelle locale la plus retentissante est l'avènement du Mouridisme dont le succès est à lier absolument au contexte socio-économique de la colonisation.

Coincées entre une aristocratie ceddo[43], très belliqueuse et pillarde et les troupes coloniales, les communautés locales se sont retrouvées dans une situation chaotique. Établies entre Saint-Louis et Dakar, confrontées aux ambitions de la France, les populations du Pays Ouolof[44] subirent, en un laps de temps, la supériorité technologique de l'armement, la pression à travers les impôts[45], le travail forcé et l'enrôlement obligatoire dans l'armée par l'administration coloniale.

Ainsi, tenaillés par des siècles d'esclavage et presque un demi-siècle de guerre de conquête, ces habitants ont développé des croyances ésotériques très profondes pour se protéger pratiquement de tout. Le recours aux gris-gris, destinés à contrer les coups de feu, les armes blanches, le mauvais sort ou le mauvais œil, témoigne d'un état psychologique profondément marqué par l'insécurité chronique qui régnait.

---

[43] Au royaume du Kajoor, les Ceddo étaient des soldats proches du pouvoir politique, connus pour leur courage et leur fierté. Longtemps réfractaires aux tentatives d'islamisation, de christianisation et de colonisation, ces cavaliers rebelles constituent alors une forme d'aristocratie rurale. Le terme va changer de sens au fil du temps.

[44] Historiquement, le Pays Ouolof fait allusion à l'ensemble des terres occupées par les anciens royaumes issus de l'éclatement du Jolof et dominées par les Ouolof.

[45] La paysannerie sénégalaise dut subir une forte pression fiscale de la part de l'administration coloniale. L'objectif principal était de la pousser à cultiver l'arachide qui devait lui donner des devises pour payer l'impôt.

Devant cette pression tout azimut, les communautés voient de plus en plus leurs socles sociaux s'affaiblir et la misère s'installer. Malheureusement, la supériorité militaire et technologique de la puissance dominatrice s'impose sur le pouvoir protecteur des mannes des ancêtres. Cette situation entame profondément la foi et, par-delà, les valeurs et les référentiels communautaires, gage de l'équilibre social. Ce vide spirituel et la déroute des troupes de défense locales agissent comme de puissants catalyseurs, créant un terrain fertile pour l'assimilation culturelle, voire l'acculturation forcée.

L'érection des quatre communes de plein exercice[46] est le coup de grâce qui décrète officiellement la mort des entités étatiques autochtones et fige définitivement la vie des populations, qui désormais doivent suivre de manière insidieuse la politique culturelle française.

Qualifiant la situation, Boubacar Barry (2001 : 21), reprenant son collègue Mamadou Diouf, fait état de la construction d'une mémoire mixte. Cette dernière est celle des Quatre Communes et de l'assimilation, et permet de revendiquer un double héritage européen et africain. En dehors de cette zone, du fait de l'exclusion coloniale, la mémoire locale est alimentée par les traditions dynastiques pour fonder les prétentions politiques et foncières des familles dirigeantes. La revendication de cette légitimité royale, essentiellement ouolof, marginalise les traditions familiales ou villageoises, marquant ainsi toute l'opposition entre une éthique aristocratique et une éthique du quotidien.

En effet, une partie de cette noblesse, recyclée dans l'administration, se fait avec zèle le porte-étendard de la politique coloniale française et exerce une réelle cruauté sur les administrés ; tandis que d'autres membres de

---

[46] Les quatre communes ont été installées progressivement : Saint-Louis et Gorée, 1872, Rufisque 1880 et Dakar 1887.

l'aristocratie, déchus de leurs privilèges officiels, tentent de perpétuer clandestinement leurs droits coutumiers sur leurs anciens sujets[47].

C'est dans le contexte de profonde tourmente que, tel un faisceau halogène, Cheikh Ahmadou Bamba Mbacké a indiqué, sous la bannière de l'islam, une voie à suivre en proposant des réponses concrètes aux populations désorientées. En plus de la sacralisation du travail et de l'observance stricte des préceptes de l'islam, la nouvelle communauté religieuse fondée s'identifie à la ville sainte de Touba, qui se déploie autour de sa célèbre Grande Mosquée.

Par ailleurs, le patrimoine mouride[48] inonde totalement les sens du fidèle : l'effigie du vénéré fondateur, les poèmes écrits par le Cheikh qui sont clamés dans de très belles mélodies, l'habillement spécifique constitué d'un boubou ample, des babouches et un bonnet, le café moulu parfumé au poivre de Guinée et le pèlerinage annuel. Considérés ensemble, ces éléments restent suffisants pour capturer totalement l'attention des membres de la confrérie qui se motivent mutuellement.

En moins de 150 ans d'existence, la notoriété du Mouridisme est immense et continue de se développer au niveau national comme à l'international. L'identité mouride est entretenue par un khalifat général héréditaire, qui régit la cité sainte selon des règles spécifiques et

---

[47] L'histoire de Diéry Dior Ndella Fall est typique de cette situation. Le 7 avril 1904, il est condamné à verser une amende et de purger une peine de 15 jours pour délit de vente d'esclaves par l'intérimaire du Commandant Prempain Thiès. L'altercation qui s'ensuit provoqua la mort de l'intérimaire. Il sera tué le 09 avril 1904 et ses restes sont exposés à la place du marché central.

[48] Mouridisme ou tariqa muridyya est une confrérie soufie fondée par Ahmadou Bamba au XIXe siècle et joue un rôle religieux, économique et politique. La ville sainte de Touba est régie selon des règles religieuses locales.

oriente la communauté à travers des recommandations traduites par le terme *Ndigël* (recommandation spéciale).

La rapidité de l'expansion du Mouridisme est au prorata de la violence de la déstructuration sociale, économique et politique de la période à cheval sur les XIXe et XXe siècles. Ainsi, face à la crise identitaire survenue, les confréries auront offert des alternatives contextuelles suffisamment pertinentes pour enrôler des milliers de disciples, malgré l'opposition et les craintes manifestées par l'administration coloniale[49].

Par ailleurs, les premiers intellectuels noirs, initiés à l'école occidentale, se sont mobilisés pour une production littéraire locale de langue française, en réaction aux étiquettes collées à la face des peuples négroïdes. Souvent mêlés à la vie politique, ils ont été moins radicaux et leurs actions plus complaisantes vis-à-vis de l'Occident qui les a formés et dont ils se sont fortement imprégnés de la culture. Vu les conditions de leur émergence, les prédispositions à réaliser une révolution culturelle étaient presque nulles. Ils se sont juste évertués à réclamer une égale dignité entre les races et une restauration de la place de l'Afrique noire dans l'évolution de l'humanité. Ces pionniers ont ouvert la voie et posé les bases d'une conscience panafricaine, mais leur positionnement « entre-deux » a inévitablement limité la portée révolutionnaire de leur action culturelle.

Le mouvement des idées et de la réflexion scientifique a suivi le cours de l'histoire secoué par les grands événements du XIXe siècle.

---

[49] Accusé de trouble à l'ordre public par l'administration coloniale, le Marabout sera déporté au Gabon de 1895 à 1902, puis exilé à Saout El Ma (ou Zawiya El Ma) en Mauritanie de 1903 à 1907, avant d'être placé en résidence surveillée à Diourbel (après un passage à Thiéyène) de 1907 à 1912.

Ainsi, à partir des années 1950, les nouveaux phénomènes culturels sont interprétés en termes de conflits de générations, avec la modernité qui s'est saisie de la jeunesse. Ils créent une cassure dans les modes de vie qui s'accentue de plus en plus. Cette situation a induit un malaise pour la majorité des « aînées » qui ont été témoins de ces changements. Cette anomie, vigoureusement dénoncée, résulte de la déstructuration des cadres traditionnels de socialisation, tels que l'organisation familiale, les rites initiatiques et, plus particulièrement, la censure sociale propre au contexte villageois.

Jusque-là, le rythme de l'évolution culturelle et les dynamiques sociétales, bien que parfois critiqués, pouvaient être jugés naturels en comparaison des bouleversements radicaux provoqués par l'avènement des médias de masse en Afrique subsaharienne et de leur impact sur le quotidien des populations.

Dans les années 1980, la possession d'un poste de télévision s'est imposée comme un luxe et un des signes extérieurs de la réussite sociale. Au fur et à mesure, toute la maisonnette s'est organisée autour du petit écran installé dans un salon, sur une table à roulettes qui suit la famille jusque dans la cour durant les torrides soirées d'été.

Le rituel télévisuel du soir commence par le journal de 20 heures, auquel est accolée une plage publicitaire, avant de déboucher sur un téléfilm. Le reste de la journée, la radio accompagne les gens dans leur quotidien. Ce phénomène s'étend jusqu'au cœur des campagnes, où certains se voient contraints de rallonger les antennes de leurs transistors pour capter des stations, au gré des aléas climatiques qui perturbent souvent la réception.

Le Sénégal a vécu ainsi pendant un moment au rythme de la Radiotélévision Sénégalaise où des programmes cultes marquent les différentes phases de la journée de la ménagère.

Le fameux chant *Salimto*[50] n'était-il pas la partition qui marque midi et le signal du début de la dernière phase de la cuisson du riz pour le déjeuner ?

La « journée continue » des élèves du cycle scolaire primaire et la démultiplication des stations radiodiffusion et télévision, suite à la démocratisation des médias, perturbent l'ordre établi et bouleversent les horaires d'une vie sociale désormais segmentée par les exigences de la modernité.

En quelques décennies, l'emballement du temps par les moyens de communication déteint sur les habitudes. La diffusion en continu des flux d'informations à travers la publicité, la musique, les éditions et le cinéma influence les modes de vie et stimule les envies d'un luxe inspiré des sociétés dites occidentales.

L'influence des produits culturels intangibles, charriée par les médias, touche les consommations alimentaires. Les réseaux d'acteurs interdépendants (producteurs, entreprises, institutions financières, organismes publics et privés), localisés dans les pays économiquement avancés, participent à la création de flux de biens et de services destinés à satisfaire les besoins des consommateurs au niveau international[51]. Cette interface bien structurée prend la forme d'un système alimentaire mondial. Désormais, l'ordre économique mondial englobe également un ordre alimentaire.

Sous les tropiques, les retentissements iront crescendo pour provoquer une mue profonde au sein de certaines communautés directement exposées.

---

[50]*Salimto*, ou *Rabbi bimaa yashrahu*, interprété au *xalam* par Mamadou Niang, est un extrait de la *khassida Jaawartou* de Cheikh Ahmadou Bamba.

[51] Jean-Louis Rastoin et Gérard Ghersi, *Le système alimentaire mondial : Concepts et méthodes, analyses et dynamiques,* Editions Quae, 2010, p.19

Dans les grandes villes de l'Ouest, les Sénégalais ont fini par troquer leur mil contre du blé européen et du riz asiatique, au détriment du monde paysan local. Ils sont devenus, par la force des choses, des consommateurs universels, développant une préférence assumée pour les produits importés au détriment des productions locales. Les artisans continuent d'en faire les frais et peinent à développer leurs activités malgré la démultiplication des sources de financements étatiques et privées.

La faute est imputable à l'impérialisme culturel des grandes puissances qui profitent des retombées probantes sur le plan économique.

Ainsi, à l'heure des médias de masse et de l'interconnexion irréversible des différentes parties du monde, les rapports entre les civilisations peuvent désormais se passer des armées et de leurs gouvernements.

Certes, même s'il faudrait préciser que la situation actuelle est l'ultime étape d'une ouverture qui, à l'origine, s'est faite au canon et à la baïonnette, aujourd'hui, le *soft power*[52] demeure le principal support de l'impérialisme occidental[53].

Il est évident que nul ne pouvait prévoir la direction empruntée par les avancées technologiques, ni la puissance de la vitesse des mutations économiques induites. La violence de l'intrusion culturelle occidentale en Afrique noire, via les technologies de l'information et

---

[52] La diplomatie, la diffusion culturelle ou encore l'aide économique sont des moyens employés par les États pour exercer une influence sur les relations internationales. Ces stratégies d'influence sont désignées couramment par l'expression *soft power*.

[53] Jean Ziegler, ancien rapporteur spécial des Nations unies pour le droit à l'alimentation, dénonce les mécanismes qui lient l'économie mondiale à la faim. Il met en évidence la thèse selon laquelle l'ordre économique mondial n'est pas neutre face à la question alimentaire, mais, au contraire, il est directement responsable de la persistance de la faim dans le monde.

de la communication, n'a pas donné aux populations le temps de se prémunir des probables effets secondaires.

Aujourd'hui, le monde s'est définitivement engagé dans une voie où le numérique dicte sa loi. La domination économique prend des formes moins visibles et produit des résultats très alarmants, parce que dommageables au devenir des États les moins puissants.

Le tour de passe réussi par les firmes des grandes puissances consiste à maîtriser les goûts de consommation primaire des populations cibles, à travers des besoins souvent futiles. Les nouvelles distractions créées sont peu à peu devenues de véritables canaux qui façonnent les mentalités afin de contrôler leurs envies et leurs aspirations. Les victimes sont coincées dans un sentiment de manque permanent, face à l'évanescence du plaisir ressenti, à l'obsolescence des supports techniques ou à la caducité rapide des articles proposés.

Évidemment, l'éducation la plus efficace est celle qui donne les aptitudes à apporter des réponses pertinentes aux défis qui se présentent devant la société concernée. Malheureusement, les méthodes de retransmission des valeurs ancestrales disparaissent avec les anciens, les sentinelles des traditions. Les contingences économiques occupant les parents, l'école n'a pas encore réussi à se substituer correctement aux canaux traditionnels d'éducation des jeunes, selon un modèle prédéfini.

Les générations dites modernes, qui arrivent aux commandes de la destinée du peuple, sont quasiment dépourvues d'assise identitaire solide.

L'âme du pays est meurtrie par les tensions engendrées par les égarements d'une certaine classe de leaders populistes, qui n'hésitent pas à profiter de la naïveté des masses. Les contenus de l'actualité et les thèmes des débats dans les médias montrent à foison l'état mental de ce pays, dont les pionniers ont bâti les trajectoires au péril de leur vie. À la longue, les frustrations engendrées, s'accumulant progressivement, peuvent constituer une poudrière propice à l'implosion.

À quand ce déclic nécessaire pour redresser la barre ?

Le nœud du problème soulevé dans cet ouvrage interroge également les crises politiques à répétition au Sénégal et les défis structurels qui ralentissent le développement du pays. Certes du point de vue infrastructurel les progrès sont réels et la pertinence des choix d'investissement est indéniable.

Cependant, le civisme et le patriotisme souffrent de plus en plus d'une forme d'un déni d'appartenance issu d'un malaise psychosocial profond. Difficile de croire que la majorité des Sénégalais est encore consciente de la nécessité de porter un projet commun et de le défendre en toute circonstance. En oubliant les fondamentaux qui les lient, l'attention des gens est portée plus vers les rapports de personne à personne qu'ils peuvent avoir avec le leader politique, qui évince désormais le guide moral traditionnel.

Devant les discours populistes qui promettent des solutions aux soucis du quotidien ou des faveurs personnelles que les militants pourraient tirer du camp choisi, la motivation de l'engagement politique de ceux qui sont censés représenter la crème du pays est conditionnée souvent par des intérêts crypto-personnels.

Dans cette situation régie par le réflexe de survie, le jugement a fini par s'affaiblir et l'émotion occupe désormais une place importante dans la vie publique. Les figures historiques sont de moins en moins convoquées pour promouvoir le devoir de faire face aux menaces extérieures et aux épreuves de la vie.

Le diktat de cette conscience aliénée pousse au rejet des figures morales et des guides spirituels accusés de complicités avec les autorités politiques, quand leurs rappels à l'ordre formulés balancent vers les intérêts du camp adverse.

Dans ce contexte délétère, les symboles de la Nation, à défaut d'être délaissés, voient leur vertu fédératrice s'étioler. Le drapeau est utilisé pour renforcer les marques singulières d'appartenance à telle ou telle tendance politique, une manière de revendiquer l'héritage national et la légitimité patriotique au sein d'une formation.

L'instrumentalisation des sceaux nationaux à des fins partisanes constitue une menace directe pour la cohésion sociale et la pérennité démocratique.

En somme, si des mesures d'urgence axées sur une orientation politique cohérente en termes d'identité nationale ne sont pas prises, le patriotisme s'effritera davantage et, progressivement, les fissures de la communauté continueront de se creuser. Tout ceci constitue des signes avant-coureurs de tensions internes, surtout quand le politique se permet de manipuler dangereusement le communautarisme.

À la question de savoir ce que nous sommes devenus suite au contact prolongé avec le reste du monde, il faudrait juste répondre que : « nous ne sommes rien devenus » !

Nous subissons les affres d'une posture de dominés qui ne sont pas conscients de leur situation. Le leader africain moderne aura été tellement submergé par les lumières des innovations et le bruit des tendances en vogue au niveau mondial qu'il en oublie l'essentiel. Les fondamentaux à revisiter s'appuient sur des principes simples, qui certes comportent souvent des insuffisances et des erreurs, mais dont la quintessence présente des solutions à des problèmes particuliers.

Le décodage de ces sociétés traditionnelles de base ne nécessite pas de grandes théories scientifiques. Il suffit juste d'adopter une approche générale systémique pour un sujet qui, par essence, n'admet pas de cloisonnement.

Quoiqu'invraisemblable, l'alimentation demeure la principale constante et l'aspect le plus partagé dans ces communautés traditionnelles. Les mêmes produits, consommés à l'échelle de l'entité territoriale aux différents repas, nécessitent des activités quotidiennes en rapport avec l'écosystème d'accueil.

La pertinence du choix de la nourriture comme porte d'entrée s'explique juste par le fait que l'évolution de l'humanité a débouché sur une consommation de masse, dans la trame d'un ordre alimentaire mondial bien défini. C'est la nouvelle trouvaille d'une méthode d'exploitation économique sournoise de l'Afrique noire, ultime étape d'un processus historique qui a mis du temps à s'installer. Dès lors, passer par les différentes strates de l'évolution du régime alimentaire, à travers le temps, serait un bon moyen pour prendre la température de la société sénégalaise dans l'ensemble.

DEUXIÈME PARTIE

LE MIL, BAROMÈTRE DE L'ÉVOLUTION CULTURELLE DU SÉNÉGAL

2.1 La culture du mil : croyances et pratiques culturales

L'idéal sociétal visé, quelles que soient les étapes qui y mènent, aboutit au bien-être physique et psychologique et à l'épanouissement propice à la créativité intellectuelle. L'ère de la consommation de masse est l'ultime phase du développement économique, selon la théorie de Rostow[54]. L'élévation des niveaux de consommation, « dépassant les besoins alimentaires, le logement et les vêtements nécessaires », s'oriente vers de nouvelles envies. La production de biens marchands, mue par une nécessité de faire des profits pour s'enrichir davantage et maintenir la machine capitaliste, impose une parfaite maîtrise des parts de marché. La concurrence entre les producteurs joue sur l'amélioration des techniques de marketing et de vente qui se renouvellent constamment pour stimuler la consommation.

Cet écosystème mondial en vigueur est le moteur de la croissance économique internationale, avec en tête de pont de puissantes entreprises qui investissent des ressources financières colossales dans la recherche-développement. L'application des découvertes et des innovations transforme le quotidien des sociétés installées, dans un cercle vicieux alimenté par les nouveautés.

Dès lors, si la croissance économique inclut des changements à opérer dans les modes de vie, quelles devraient en être les proportions minimales et la vitesse maximale afin de conserver les caractéristiques principales, qui constituent l'identité du groupe humain ?

Quoi qu'il en soit, il n'existe pas de société statique et l'évolution historique secrète de nouveaux défis dont les

[54] W.W. Rostow divise le processus qui mène au développement en cinq étapes : société traditionnelle, conditions préalables au décollage, décollage, conduite vers la maturité et âge de la consommation de masse élevée.

réponses, en retour, enrichissent les communautés dépositaires. Au fur et à mesure, l'individu s'émancipe progressivement des contraintes du milieu, à travers des innovations et des choix qui atténuent la pesanteur du temps et annulent certaines angoisses, tout en créant d'autres. Il en a toujours été ainsi depuis les prémices de l'humanité.

Des progrès immenses ont permis aux hommes de surmonter des obstacles de la vie et de défier le temps. Même si le bonheur ne dépend pas forcément de la quantité des moyens matériels à disposition, il faudrait accepter que l'évolution scientifique et technologique a permis d'atténuer les pesanteurs de la nature. La santé, l'alimentation, l'hygiène, les transports, tous les secteurs de la vie ont connu des bonds significatifs. L'espérance de vie ne cesse d'augmenter au prorata du niveau de développement économique[55].

Les scientifiques divisent les activités de production entre le secteur primaire, le secteur secondaire et le secteur tertiaire. Dans la majorité des pays dits développés, les deux derniers secteurs s'appuient principalement sur les productions primaires afin de créer des plus-values grâce à la transformation industrielle et aux services.

Par contre, les États économiquement sous-développés sont caractérisés par la prédominance d'un secteur primaire marqué par la prégnance des activités agricoles, qui concernent souvent directement près de la moitié de la population[56].

---

[55] Selon l'INED, l'espérance de vie est passée de 45 ans en 1900 pour passer à 79,2 ans pour les hommes et 85,3 ans pour les femmes en 2000. https://www.ined.fr/fr/tout-savoir-population/graphiques-cartes/graphiques-interpretes/esperance-vie-france/, consulté le 19.01.2025 à 21heures.

[56] Un rapport de l'ANSD de 2024 (données 2021) indique que 47 % de la population sénégalaise dépend de l'agriculture pour vivre, et le secteur implique 44,5 % des ménages.

Les exploitations restent tributaires des aléas climatiques et utilisent des moyens rudimentaires dans la majorité des cas.

En général, les techniques culturales et les espèces utilisées n'ont pas connu de variations majeures durant les dernières décennies. Paysans, éleveurs et pêcheurs conservent encore une belle portion de savoir-faire hérités de leurs ancêtres, tout en profitant d'une arrivée encore très timide de moyens modernes et de l'encadrement des services déconcentrés de l'État.

Dans ces sociétés préindustrielles, l'évolution semble suffisamment ralentir au point de figer les structures communautaires, garantes de la conservation du patrimoine ancestral. Pour ce qui concerne les cultures dites de l'oralité, les rapports avec le milieu sont codifiés par le biais de rites et de comportements cimentés par le sacré. Il y a toujours un moment d'invocation des divinités, ou de formulation de paroles mystiques, qui est logé au cœur des activités et des cérémonies. Cette séquence à valeur sacrée mobilise suffisamment l'attention des acteurs, au point de conditionner l'ensemble des étapes des activités qui leur sont associées, sur lesquelles s'installe une forme de charpente dogmatique qui stabilise durablement les déroulements.

Les greffes de technologie ne sont pas encore assez significatives pour séparer foncièrement les populations de leurs croyances et pratiques rituelles ancestrales qui structurent leurs interactions avec le milieu de vie.

Ainsi, l'agriculture portant sur les cultures vivrières traditionnelles, ancrée aux conditions physiques et climatiques du terroir, porte avec elle des symboliques et des *modi operandi* développés par les communautés.

À travers l'étude des processus et des activités de production et de consommations de produits agricoles, il serait donc possible de dresser le tableau de l'ensemble des caractéristiques générales des sociétés traditionnelles de la Sénégambie du Nord[57].

Les débuts de l'agriculture ont été sûrement marqués de tâtonnements et du hasard, qui laissent des expériences sur lesquelles se sont construits les savoir-faire culturaux. Pour bien réussir le coup, il a fallu que les individus identifient les plantes reproductibles en grande quantité et adaptables aux conditions climatiques et pédologiques du site[58].

Dans la zone soudano-sahélienne, l'agriculture dépend principalement de la saison des pluies, qui se passe d'habitude entre juillet et septembre. Elle concerne les produits à cycle végétatif court.

Une céréale comme le mil *suuna*[59] est considérée comme la principale culture vivrière dans cette zone du Sénégal. Il était déjà cultivé en Afrique de l'Ouest 8000 ans avant Jésus-Christ. Au mil, s'ajoutent d'autres céréales telles que le maïs[60], originaire d'Amérique latine, introduit en Afrique par les colons européens.

Expérimenté dans le Waalo, au nord du Sénégal, par les Français pour fournir de la matière première aux huileries et

---

[57] Boubacar Barry (1988) définit la Grande Sénégambie comme « ce Finistère de l'Ouest africain franchement tourné vers l'Océan ». Elle englobe le Sud de la Mauritanie, l'Ouest du Mali, les deux Guinées et l'ensemble du Sénégal et de la Gambie. En l'absence d'obstacle naturel majeur, cet espace est resté intégré et les mouvements de population ont créé des brassages importants pour la stabilité socio-politique. Sa partie nord correspondrait aux terres comprises entre les bassins des fleuves Sénégal et Gambie.

[58] FALL Mandiaye, *Pratiques rituelles et sauvegarde du patrimoine culturel immatériel dans le Kajoor (Sénégal) : évolution historique, défis et perspectives*, Histoire, Université de La Rochelle, 2022, p.226.

[59] Le mil *suuna* ou petit mil est une variété précoce qui est à différencier du *sorgho (basi)* et du *saaño.*

[60] PORTERES Roland (1955 : 223) explique que l'introduction brusque du maïs venu d'Amérique, à côté du manioc et de la patate, et le riz d'Asie entraîna une véritable révolution dans l'alimentation entre le XVIIe et le XIXe siècle en Afrique.

savonneries de la Métropole, la culture de l'arachide[61] est vite adoptée par les paysans comme principale culture de rente. Il était difficile d'échapper à cette nouvelle culture, avec l'introduction de la monnaie française et de l'impôt qui doit obligatoirement être versé en espèces, que les paysans ne peuvent avoir qu'à travers la vente de leurs productions d'arachide. Les variétés cultivées ne dépassent généralement pas 90 jours et s'adaptent à merveille aux sols sablonneux ferrugineux non lessivés qui couvrent cette portion du Sénégal : ceux-ci s'étalent entre les deux vallées du Sénégal et de la Gambie.

L'utilisation des machines agricoles à attelage s'est généralisée chez les paysans qui font recours principalement à des chevaux et des ânes[62].

La culture des légumes est faite dans des parcelles attenantes aux concessions, dans de faibles proportions, durant la saison des pluies[63]. Les agriculteurs pratiquent l'élevage domestique de petits ruminants associés à de la volaille.

Le pastoralisme reste l'apanage des groupes peuls et porte principalement sur les bovins.

---

[61] La colonisation agricole du Waalo (1819-1831) correspond à la période des premiers aménagements agricoles dirigés par le gouverneur SCHMALTZ Julien-Désiré. Il fallait mettre en valeur des terres et d'essayer de développer localement les cultures dont l'Europe a besoin après la suppression de l'esclavage. Le 4 mai 1819, le traité de cession de terrains au Waalo pour recevoir des établissements agricoles. Cette étape n'a pas connu trop de succès du fait de la résistance des populations et les velléités de résistance manifestées par les populations.

[62] Plus au sud, dans les zones marécageuses, l'attelage bovin est mieux adapté.

[63] La zone des *NIAYES*, bande terre large de quelques kilomètres à peine et s'étirant le long de la grande côte du Sénégal, du fait de l'affleurement de la nappe phréatique dans ses dépressions interdunaires, s'impose comme domaine d'une forte activité maraîchère alimentant l'essentiel des villes de l'ouest du Sénégal.

Les activités du monde paysan traditionnel sont restées tributaires d'un milieu qui peut être en proie à la sécheresse, aux inondations, aux périls acridiens, etc. Il s'établit ainsi des cycles d'années fastes et d'années maigres, avec leurs lots de difficultés. L'abondance des récoltes et la prospérité générale ou la misère dépendraient de la clémence et de la générosité, ou du degré de « frustration », des cieux. Les communautés s'emploient à organiser souvent des fêtes populaires pour lire les auspices et procéder à des offrandes, ou prières, aidant à juguler les maux qui pourraient les perturber[64].

Ainsi, au-delà des cadres de célébrations générales, les familles ont des pratiques rituelles qui touchent les semailles et les récoltes.

Les rites visent à s'attirer la générosité de la nature, à se protéger des ondes négatives des semblables jaloux ou envieux et à remercier les esprits.

Généralement, les graines de mil à semer sont transportées vers les champs par un enfant mineur qui ne doit parler à personne, ni tourner la tête en arrière, durant le trajet.

Dans la calebasse contenant les graines, il y a, si possible, des morceaux de peaux de hérisson et de lièvre et une carapace complète de tortue. Certains ajoutent au dispositif une pipe ou une corne.

Il faudrait noter que dans la famille musulmane ouolof, tous les actes de ce moment important sont précédés d'un « *bismilahi rahmani Rahimi*[65] ». La référence à Allah dans ce contexte démontre le syncrétisme religieux présent au sein de ces sociétés, qui croient toujours en la puissance du pouvoir des esprits des ancêtres. Une forte dose de symbolisme accompagne les pratiques mystiques, chaque

---

[64] Nous avons déjà vu les cas du *fil* de Toubatoul et du *xooy* dans le Siin qui procèdent à cela.

[65] « Au nom de Dieu clément et miséricordieux ».

élément de ce parcours ritualisé des semailles ayant une signification spécifique.

L'enfant, considéré comme immaculé de toute souillure, est sollicité pour planter des arbres très souvent, parce qu'il n'a pas encore fini sa croissance et qu'il pourrait porter chance[66].

Dans cette même logique, il est chargé de porter les graines de la concession aux surfaces à emblaver.

À l'instant où il marche, les graines contenues dans une calebasse posée sur un support en tissu au-dessus de sa tête, le gamin est porteur de la destinée de toute la famille. Les malveillants auraient le pouvoir de le distraire ou de lui subtiliser les chances de réussite de l'opération agricole.

Dans la même logique de se donner les chances d'une croissance accélérée, la calebasse, fruit d'une plante à croissance rapide, est privilégiée comme récipient devant contenir le mil destiné aux semailles. D'ailleurs, ce contenant se trouve privilégié dans toutes les situations du quotidien où il est question de porter chance[67].

Les épines du hérisson poussent abondamment et inexorablement et sont solidement attachées à son dos pour le protéger. Un morceau de cette partie de la bête, associé aux graines, pourrait favoriser la germination du mil. Après tout, il peut arriver que la semence ne pousse pas correctement ou que les plantes soient ravagées par un quelconque incident.

La carapace de la tortue protège naturellement contre les agressions physiques extérieures. Elle est utilisée pour remplir le semoir et contribue mystiquement à la protection des graines et des futures plantes.

---

[66] Pour les mêmes raisons, il rentre également en jeu dans d'autres circonstances comme lorsque la maman doit porter son bébé pour la première fois sur son dos.

[67] Les calebasses sont de grands fruits secs qui peuvent servir de récipient ou divers objets.

Ainsi, au nom de toutes les divinités traditionnelles, les graines sont plantées ; la protection et la profusion sont assurées par les pouvoirs de l'enfant, du hérisson, de la tortue et du lièvre, le reste dépendra du ciel et de la bravoure des paysans.

Par ailleurs, cette dernière partie de l'année climatique est marquée par les caprices d'un temps chaud et humide, propice à la prolifération de germes bactériens et de maladies contagieuses. Le taux de mortalité, qui grimpe légèrement pendant cette saison, provoque dans la mentalité locale une mobilisation des ressources mystiques pour la protection des familles. Les garants des cultes, les marabouts et sorciers, continuent encore de jouer le rôle d'alerte et de protecteurs contre les intempéries, la hausse de la courbe de mortalité ou autres sources de nuisances pouvant entraver la réussite de la saison hivernale ou perturber l'état sanitaire général. Ils donnent aux fidèles des indications sur les types de prières ou d'offrandes à faire pour se protéger d'éventuels problèmes, durant la saison pluvieuse[68].

La fonction jouée par les produits des activités champêtres sur la qualité de vie, donne au foncier une valeur capitale pour les paysans. Les quantités des récoltes de cultures extensives sont au prorata des surfaces ensemencées, qui dépendent du nombre de bras disponibles pour mener correctement les diverses opérations agricoles. La polygamie conserve ainsi des bases économiques dans ces communautés agricoles traditionnelles.

Les activités commencent d'abord avec les semailles qui se passent avant les premières pluies pour le mil ou

---

[68] Parmi les cérémonies de divination publique pour la préparation de la saison des pluies, figure le *Xoy*. Pratiquée par les Sérères du *Siin*, cette cérémonie est inscrite sur la liste indicative du patrimoine culturel immatériel de l'Unesco depuis 2012.

quand la terre est suffisamment trempée pour les autres produits. Selon l'état du terrain, les paysans peuvent labourer la terre pour la rendre plus meuble.

Ensuite, une première opération de désherbage est exécutée, puis une autre, quelque temps après, pour éliminer les repousses et pour aérer les plantes.

Enfin, plus tard, la période des récoltes boucle le processus de production.

Il peut arriver que des agriculteurs soient pressés par la poussée rapide des herbes sauvages, stimulées par une pluviométrie généreuse ou par la difficulté de gérer convenablement l'étendue des aires ensemencées. Dans ces cas, la solidarité intracommunautaire est mise en branle. Les requérants reçoivent naturellement l'aide spontanée de la communauté, qui peut leur consacrer des heures de travail afin de sauver les récoltes menacées.

Dans ces campagnes, les jeunes s'organisent aussi pour travailler dans les champs de tiers, moyennant un franc symbolique, sans pour autant porter atteinte aux charges de travail dans leurs exploitations familiales.

L'esprit de partage reste à la base des rapports entre individus qui sont issus de la même lignée familiale ou liés par des alliances matrimoniales. Les modes de vie, la mutualisation de la gestion des affaires communautaires et surtout le rôle des différentes assemblées créent une forme de responsabilité morale à l'égard de tout un chacun.

L'arbre, ou la case à palabre au milieu du village, demeure le point de ralliement des populations, surtout celle masculine du troisième âge, pour les rencontres entre amis au quotidien. C'est principalement là où se tiennent les réunions publiques d'information ou de prises de décision. Cette intégration donne la possibilité de détecter les moindres difficultés matérielles des familles qui sont souvent soutenues secrètement en cas de besoin, afin de sauvegarder leur dignité.

Ces leviers d'entraide traditionnelle sont renforcés par les religions révélées. L'islam, qui est devenu la religion d'au moins 95 % des Sénégalais, impose le partage avec les nécessiteux à travers l'instauration d'une *Zakat* prélevée dans la production agricole familiale[69]. La part à donner, de préférence mise de côté dès la récolte, concerne 10 % de la production totale annuelle.

Géographiquement, la solidarité s'exerce également dans les rapports ville-campagne. Les parents de la ville appuient ceux établis dans les villages durant les périodes de disette et les produits des récoltes sont partagés avec les citadins à la fin de l'hivernage.

Les graines de mil, source de nourriture par excellence des hommes et des esprits, sont traitées avec égard et respect. Elles jouissent d'une forme de sacralisation qui interdit tout jet par terre, si ce n'est pour nourrir de la volaille ou donner en offrande aux esprits. Les contrevenants à l'interdiction du gaspillage intentionnel pourraient être frappés d'une pauvreté extrême, les empêchant de pouvoir accéder à la nourriture.

Certaines familles ne peuvent consommer les nouveaux produits récoltés sans en avoir demandé l'autorisation auprès des esprits, sous forme de libation dans leurs sanctuaires sacrés.

La mise en réserve du mil constitue une étape supplémentaire. Les greniers sont faits de branchages tressés, reprenant le design des cases traditionnelles. Ils sont installés soit dans la cour arrière, soit en dehors de la concession, mais ne font pratiquement jamais l'objet de vol. La structure servant de grenier est montée sur pilotis,

---

[69] Dans les Évangiles (Matthieu 22 : 36-40), un docteur de la loi demande à Jésus quel est le plus grand commandement. Jésus répond : « Tu aimeras le Seigneur, ton Dieu, de tout ton cœur, de toute ton âme, et de toute ta pensée. » Et immédiatement après : « Voici le second, qui lui est semblable : Tu aimeras ton prochain comme toi-même. »

ou sur des briques en argile, pour la protéger des termites ou des rongeurs potentiellement nuisibles aux récoltes. L'ouvrage est équipé d'une petite fenêtre destinée aux prélèvements et comporte un chaume mobile au-dessus.

La manifestation de joie et de bonheur, qui traverse cette période de récompense des durs labeurs paysans, se fait sentir à travers l'activité collective de remplissage des greniers.

Chez les Ouolof, le nom de cette mobilisation renvoie à l'acte de concassage des épis, *semb*. Les gens sont divisés en deux groupes : l'un est chargé de remplir le grenier de mil par petites portions, qui sont alors piétinées par l'autre groupe installé en disposition circulaire dans la structure végétale. Les villageois, munis de *dabas*, donnent des coups sur les épis en les piétinant en même temps, dans un mouvement d'ensemble circulaire, tout en chantant en chœur, guidés par un soliste qui impulse le rythme.

Ce magnifique tableau vivant tend à disparaître avec l'arrivée des moissonneuses batteuses qui simplifient le processus, en isolant mécaniquement les graines qui se retrouvent immédiatement conservées dans des sacs et transportées directement dans les concessions.

La saison sèche est la période des fêtes et des célébrations sacrées et profanes où les différentes composantes de la communauté se retrouvent.

Certaines manifestations reçoivent des publics venus des contrées voisines, contribuant ainsi à l'intégration de l'espace et au renforcement des relations entre les populations qui se partagent l'unité territoriale.

Chanson du *sèmb*, exécutée en solo et chœur par les jeunes dans le grenier :

- Solo : *Yimbëy* !
- Chœur : *Sama Yimbëy ngala* !
- Solo : *Yimbëy* !
- Chœur : *Sama Yimbëy ngala* !
- Solo : *Yimbëy* !
- Chœur : *Sama Yimbëy ngala* ! (bis)
- Solo : *Bismilaay ni baa* ;
- Chœur : *Yimbëy* !
- Solo : *Raxmaani baa* ;
- Chœur : *Yimbëy* !
- Solo : *Baa Siin ak mimara* ;
- Chœur : *Yimbëy* !
- Solo : *Fala ndongoy dale* ;
- Chœur : *Yimbëy* !
- Solo : *Jëm ci liif ak Laam* ;
- Chœur : *Yimbëy* !
- Solo : *Alsaqeer magum deel* ;
- Chœur : *Yimbëy* !
- Solo : *Awu léen mu riir* !
- Chœur : *Yimbëy* !
- Solo : *Man mii mokkal naa* ;
- Chœur : *Yimbëy* !
- Solo : *Te ku mokkal falu* ;
- Chœur : *Yimbëy* !
- Solo : *Awu léen mu riir* !
- Chœur ; *Yimbëy*[70] !

[70] La transcription phonétique est faite avec l'aide de Babacar MBAYE Ndaak, conteur, traditionaliste sénégalais.

Le contexte socio-économique de la culture du mil n'est pas pour autant monochrome. Il est l'émanation d'un cadre humain et naturel ayant des ramifications intelligentes qui prennent en compte la dimension spatio-temporelle également.

Ces sociétés traditionnelles s'évertuent au maintien de l'homme dans un moule commun, superposé aux activités de production conditionnées par la nature.

Les familles, regroupées dans des concessions, forment les cellules de base de la superstructure tribale concentrée au sein d'un village ou éparpillée dans la contrée.

Jadis, les différentes ethnies vivaient en paix au sein des mêmes entités étatiques, sous des royautés ayant plutôt une fonction morale.

Dans le Pays Ouolof, les pouvoirs centraux précoloniaux, entre les mains de la noblesse, n'ont jamais directement régi le foncier ou développé des stratégies politiques visant à promouvoir les productions agricoles.

Les groupes, à travers les activités sylvopastorales et les échanges, ont sécrété une économie de subsistance axée sur les ressources naturelles et la circulation des marchandises entre les zones écologiques complémentaires[71].

Les maîtres de la terre (*Lamaan*) administraient les terroirs avec l'aide des chefs de famille qui sont consultés dans le processus de prise des décisions importantes. D'ailleurs, ils siégeaient au Grand Conseil, élisaient le roi[72] et prenaient les décisions engageant la souveraineté du royaume. Dans cette posture, comme dans le cas de

---

[71] Chez les Ouolof, *Juula* est l'équivalent du mot marchand chez les Ouolof. L'étymologie renvoie aux marchands *Jula* qui sillonnaient la Sénégambie depuis le Moyen-âge.

[72] Le Roi était choisi parmi les dynasties de la noblesse locale. La lignée des *Lamaan* n'étant pas prédisposée au pouvoir gardait le privilège de l'élection du roi au sein du Grand Conseil formé par les Grands *Lamaan,* chef des provinces.

tous les dignitaires de ce contexte psychosocial, l'exaltation de pouvoirs mystiques est une forme de caution morale garantissant leur légitimité administrative et coutumière.

Cependant, aucune autorité, administrative comme coutumière, n'avait de préséance sur la tradition qui serait produite et surveillée par les ancêtres. Elles devaient plutôt, en ce qui concerne leurs prérogatives au sein de la communauté, entretenir les règles et veiller au respect des croyances et à l'application stricte des rituels légués par les aïeux.

Au demeurant, le semblant d'inertie paysanne qui caractérise les campagnes du Sénégal n'est pas dû à la phobie du changement comme le prétendent certains analystes, mais elle représente plutôt le résultat d'un système de pensée rigoureusement ancré dans les modes de vie. Il n'a jamais été question d'un partitionnement des différents aspects de la vie en unités constituées d'activités autonomes, dans une approche purement sectorielle. Le religieux transfuse l'ensemble des composantes de l'existence du sujet humain, depuis les bases de sa conception jusqu'après la mort[73].

Les particularités de l'écosystème local définissent les types d'activités dont certaines sont pratiquées exclusivement par des couches sociales bien définies, les castes. Les outils aratoires en métal sont fabriqués par les *Tëgg*[74] et les ustensiles en bois sculptés par les *Lawbe*[75].

---

[73] La tradition indique la méthode du choix de sa future épouse en vue de faire des enfants corrects au sens social du terme. Une vie sociale normale était la condition de l'accès à la sagesse.

[74] Les *Tëg* forment encore la caste des forgerons. Ils sont spécialisés dans le travail des métaux. À l'origine, ils s'adonnaient à la chasse et étaient craints et respectés pour leur réputation de mystiques. L'endogamie était en vigueur et permettait de conserver le patrimoine immatériel du groupe.

Les éleveurs, souvent des Peuls[76], nourrissent leur bétail dans les prés en jachère et dans la brousse, à la lisière des surfaces cultivées.

Les céréales, le lait et les outils et ustensiles étaient échangés selon un système de troc, avant la généralisation de l'utilisation de la monnaie[77].

L'ensemble des sécrétions culturelles et patrimoniales entre dans la logique de la pérennisation de l'identité communautaire, à travers le respect des structures sociales, des traditions et le culte de la solidarité.

Le besoin d'appartenance étant inné chez l'humain et naturellement la personne s'efface en tant qu'individualité pour s'affirmer dans un rôle prédéfini par la tradition, selon les classes d'âges.

Vu sous la loupe des théories modernes sur la liberté et la démocratie, ce mode de vie pourrait sembler lourd et contraignant.

Considérer au sens physique les référentiels contextuels d'une société intrinsèquement immatérielle pourrait fausser la perception de la réalité. L'accumulation des biens n'a jamais été une fin en soi et même dans les communautés d'éleveurs, la quantité du cheptel n'a pas d'incidence directe sur la qualité de vie en général. Les animaux s'insèrent dans la famille et sont considérés avec égard et respect parce qu'ils aident à la production de nourriture au quotidien à travers le lait. Le bétail constitue une marque de prestige et un patrimoine qu'il faut entretenir et léguer à sa descendance.

---

75 Très proches des Peulhs, les *Lawbe* se sont scindés en deux groupes : commerçants et travailleurs du bois. La majorité vivait en itinérance pour échanger leurs services au sein des communautés.

76 Le groupe peul est établi tout le long des savanes de la zone subsaharienne. Ils sont principalement éleveurs nomades.

77 Le troc de mil contre le lait ou les denrées halieutiques est encore appliqué dans certaines localités du Sénégal.

Le mil, dans sa fonction d'aliment de base de toutes les composantes de la population, confère aux paysans une place capitale dans l'existence de la communauté sénégalaise. La campagne se positionne comme place forte de vie sociale, de conservation et de diffusion des savoir-faire et d'expressions artistiques et culturelles.

2.2 Transformation du mil : vie sociale et savoir-faire locaux

La femme s'approvisionne directement au grenier familial pour préparer ses tours de cuisine dans une concession qu'elle partage d'ordinaire avec d'autres femmes, coépouses directes ou conjointes de beaux frères.

Les frères de même père aménagent leurs cases dans le même carré familial pour recevoir leurs femmes et rester sous le commandement de leurs parents dont la charge leur revient en retour désormais. Ainsi, dès la majorité, l'obligation de s'occuper de ses parents jusqu'à la mort s'impose à tout un chacun. Cela ne porte pas atteinte à la stature des géniteurs qui gardent tout leur pouvoir sur leurs enfants. D'ailleurs, il est communément admis que la réussite sociale de la personne dépend de l'égard qu'il a envers ses parents, surtout du point de vue de l'obéissance inconditionnelle et du respect qu'elle leur voue. Ainsi, l'honorabilité serait liée à la bénédiction du père, content du comportement de son fils. Le niveau de succès économique est imputé à l'exemplarité du comportement de la maman dans son ménage.

Cependant, il faudrait que les enfants fassent des efforts personnels à leur tour pour se mettre en selle. Ils devraient témoigner de la gratitude envers leurs parents tout au long de leur existence.

Cette conception des choses est fondamentale dans cette société traditionnelle sénégalaise, marquée par un grégarisme indispensable à sa survie.

La mutualisation des efforts dans les activités agricoles, afin de cultiver le maximum de surface de terre, nécessite la cohésion et l'unité au sein de la famille. Ainsi, du père au cadet, la hiérarchie qui s'établit implique des responsabilités vis-à-vis de la communauté mais également entre les membres d'une même concession.

Les ménages, de vraies sous-unités familiales, cuisinent à tour de rôle en puisant dans les réserves générales de nourriture. Les dépenses pour l'achat des condiments complémentaires sont assurées par le mari de la femme de tour ; en cas de difficulté financière, la solidarité interne est activée.

Pendant longtemps, le troc de denrées a été pratiqué entre les différentes communautés : entre éleveurs et agriculteurs pour ce qui concerne le lait et le mil mais également avec les marchands ambulants tels les Maures, pour le sel, les sculpteurs (*Lawbe*) pour les meubles et ustensiles, et divers produits comme les noix de kola, le tabac, les tissus, etc.

Généralement, les tours ont une durée de deux à quatre jours, avant que la cuisinière ne prenne autant de jours pour les activités de nettoiement des espaces communs ; c'est en fonction du nombre de femmes avec qui elle partage la cour.

En plus de ces tâches, elle doit s'occuper de la corvée d'eau tirée du puits collectif du village, à la force des bras, à l'aide d'un récipient, d'une corde et d'une poulie accrochée à un dispositif installé au-dessus de la margelle. L'ambiance est très animée à certaines heures de la journée durant lesquelles l'affluence autour du point d'eau est plus dense.

Ces rencontres quotidiennes sont des moments d'échanges fraternels entre les villageoises qui se rangent spontanément entre premières, deuxièmes, troisièmes ou même quatrièmes, pour se railler mutuellement. C'est également un lieu d'échange de faits divers et de ragots entretenus par les dernières nouvelles en cours dans le village ou entendues d'untel.

Il en est ainsi pour toutes les occasions de travaux effectués en groupe où la joie et la bonne humeur se manifestent par de joyeuses joutes oratoires ponctuées d'éclats de rire, perceptibles de loin. Il peut y avoir quelques heurts souvent, mais vite résolus par les plus âgées.

Les épis concassés sont pilés à l'aide de mortiers et de pilons taillés dans le même bois, de dimensions plus ou moins grandes. Plusieurs ménagères peuvent travailler ensemble, les coups de pilons se relayant dans le même réceptacle de manière synchronisée. Le son des impacts agrémenté par les claquements des mains, faits entre les coups par les opératrices elles-mêmes, est sublime. Ce tempo semble les motiver à persévérer dans cette tâche qui fait particulièrement vibrer tout le corps. Quand on sait que l'usage du soutien-gorge est relativement récent dans la campagne, il est aisé de deviner pourquoi les travailleuses portent des haillons à cette occasion[78], surtout que cette première étape dans le processus de transformation produit de la fine poussière très urticaire.

Les femmes s'organisent par petits groupes, un peu à l'écart des habitations, sous de grands arbres de préférence bien ombragés et dégagés, pour s'occuper de cette corvée dans une ambiance joyeuse.

Durant presque toute une journée, elles pilent, vannent et isolent au vent les graines de céréales qui sont par la suite transportées dans de grosses calebasses, ou des bassines, à leur domicile respectif.

La paille, laissée en vrac sur place, finit dans la panse des animaux en divagation ou brûlé accidentellement. La manière dont le feu couve sous l'épaisseur du tas de paille cause souvent des accidents sur les bêtes et les enfants qui aiment y jouer.

---

[78] Du XVIIIe au milieu du XXe siècle, la nudité des Africains a été étudiée sous plusieurs angles, au prisme de la société occidentale. La modernité et les religions ont imprimé les limites de la pudeur dans la société sénégalaise qui va mieux couvrir les corps des femmes.

Avant la consommation, les graines de mil reçoivent encore un autre traitement aux coups de pilon. À la sortie du mortier, la matière humectée d'eau pendant l'opération est tamisée par petites portions afin de bien isoler le son, qui est mis de côté pour l'alimentation du bétail.

Le troisième traitement qui transforme les graines en farine commence habituellement aux aurores du premier jour de tour de cuisine. La quantité de couscous destinée au nombre de repas d'un même tour est faite à cette occasion à travers des séries de transformations.

L'ambiance des battements de pilons, des aboiements des chiens, des chants des coqs, des appels à la prière du matin, est typique de la campagne sénégalaise.

Avant que le soleil ne commence à chauffer, la farine obtenue est préparée à la main dans une calebasse. L'opératrice cale bien le contenant entre ses cuisses et brasse la matière blanchâtre, en l'humectant progressivement d'eau. Elle alterne des gestes précis pour avoir de fins agglomérats d'une consistance aérée, qui sont calibrés ensuite au tamis. Cet ustensile se décline en modèles spécialement destinés au mil brut, à la semoule ou aux graines concassées, selon la taille des mailles du grillage installé au fond.

La cuisinière profite de la préparation du repas du soir qui commence au début de l'après-midi pour cuire à l'étuveuse la farine afin d'obtenir le couscous. La céréale cuite est d'une couleur jaune sombre tirant sur un vert. Le couscous est parfumé à la poudre de feuilles de baobab, ou de résine de *Mbëp*[79], pour lui donner une texture plus facile à avaler.

Le baobab, quoique robuste et doté d'une grande longévité, est classé parmi les herbacées par les botanistes

---

[79] Le platane du Sénégal ou *Sterculia setigera* est un arbre monoïque de la famille des *Sterculiaceae* (*Malvaceae*), atteignant 10 à 18 mètres de haut.

qui l'ont baptisé *Adansonia Digitata*[80]. Son bois poreux n'est pas très utilisé par les populations. Cependant, les feuilles, séchées et réduites en poudre, sont utilisées dans l'alimentation. Les fruits, transformés en jus, accompagnent les préparations à base de bouillie de mil ou aident à traiter les cas de diarrhée. Les fibres servent à tresser des cordages pour attacher les bêtes ou sont utilisées dans la confection des cases et palissades des habitations faites de bois et de paille. Cet arbre, pour tout ce qu'il représente, est choisi comme l'un des symboles de la nation sénégalaise.

L'art de cuisiner et d'effectuer les gestes de préparation des diverses composantes des repas se transmet de mère en fille. La cuisinière est tenue de surveiller sa cuisine dont elle est l'unique responsable. Elle doit servir les différents repas et veiller à ce que tout le monde soit rassasié, avant de s'occuper de la vaisselle constituée de grands plats qui permettent de manger en groupe.

La quantité quotidienne de travail réservée à la femme dans son ménage révèle ainsi une grosse responsabilité, qui exige de la volonté et un sens élevé de l'hospitalité et de la générosité. C'est pourquoi, l'éducation de la jeune fille est particulièrement surveillée, afin de lui donner les aptitudes nécessaires à cette lourde fonction bien encadrée par la société.

Durant la journée, les campagnards vivent dehors. Le climat et la structure architecturale des concessions font des cours ombragées, les principaux endroits où tous les membres de la famille se retrouvent surtout aux heures des principaux repas. Il peut y avoir des arrière-cours où sont installés latrines, enclos, poulaillers et cuisines privées.

Quand les travaux champêtres sont bouclés, les hommes se regroupent à l'ombre des arbres du milieu du

---

[80] Du nom du botaniste Michel Adanson (1727-1806) qui a séjourné au Sénégal entre 1749 et 1754.

village pour discuter ou jouer. Les petits groupes sont formés naturellement par classes d'âges ou par affinité, sans vraiment s'isoler complètement des autres. La censure sociale interdit une trop grande proximité entre jeunes célibataires de sexes opposés.

Cependant, il n'y a jamais de formalité préalable pour aller d'une concession à une autre. D'ailleurs, les seuls modèles de porte en branchages croisés sont destinés à bloquer l'accès aux animaux en divagation nocturne comme les ânes, qui peuvent visiter les réservoirs d'eau potable, ou piller les réserves de foin, pendant que les gens dorment.

Durant les repas familiaux, les salutations depuis la rue sont répondues spontanément par des invitations à partager le plat. La nourriture cuisinée reste, par principe, disponible pour tous les passants.

Géographiquement, la position occupée durant les différents repas de la journée change. La famille mange dans la cour, à l'ombre durant le déjeuner et à la belle étoile durant le dîner. Dans les grandes familles, les hommes et les adolescents sont servis d'un côté, pendant que les enfants et les femmes sont à part, regroupés aussi autour de leur plat. Un seul récipient d'eau sert à laver toutes les mains.

Le comportement devant la nourriture obéit à des règles strictes que les adultes veillent surtout à faire appliquer aux enfants. Même si les plus âgés sont assis par terre, accroupis ou sur un petit banc en bois, il est demandé aux enfants de garder une position assise sur leurs jambes, les deux genoux serrés tournés vers le contenant du repas. Ils doivent rester silencieux tout au long du repas et bien tenir les bords de l'assiette, à l'origine, en fruit de calebassier ou sculptée dans du bois.

Même si on peut encourager les invités à manger, parler beaucoup durant le repas n'est pas une attitude acceptée. Ne pas parler est considéré comme un signe de respect devant cette nourriture sacrée, gracieusement récoltée avec l'assentiment et la générosité des ancêtres.

D'autre part, comme il s'agit d'un plat commun, il est possible de projeter des postillons de salives ou d'avaler de travers et de perturber le repas.

Les invités, par égard, et les enfants par éducation ne se servent pas au milieu du plat où sont souvent posés légumes et poissons ou viandes, c'est selon le menu. Les participants au repas se retirent immédiatement quand ils se sentent rassasiés, en remerciant la cuisinière et le chef de famille de la qualité du repas et de la disponibilité en quantité suffisante de la nourriture.

Le rituel voudrait que face à cette marque verbale de gratitude, un vœu de bonne digestion soit formulé. L'échange de civilité est suivi du lavage des mains dans la même eau qui a servi avant le repas. Enfin, de l'eau est servie pour être bue d'un trait.

Dans ces sociétés traditionnelles, les gens expriment la satiété par un rôt suivi du remerciement des cieux. Cependant, les flatulences en présence d'autres personnes sont considérées comme une grande honte.

Les restes de nourriture ne sont pas destinés à être jetés. Le plat est arrangé et envoyé au voisin qui en a besoin ou est conservé pour le goûter des petits ou le petit déjeuner du lendemain, s'il s'agit du dîner. D'ailleurs, pour ce qui est du matin, les villageois mangent d'ordinaire une portion du repas de la veille expressément gardé pour le lendemain.

Au sujet de la solidarité, compte tenu des rapports de voisinage entre les femmes surtout, les difficultés économiques dans les familles sont vite détectées. Il peut exister des emprunts ou des dons spontanés pour soutenir ceux qui sont dans le village.

2.3 Le mil, élément de base de la gastronomie traditionnelle sénégalaise

Bien que le mil se trouve au centre de la gastronomie traditionnelle locale, les cuisinières ont développé des plats agrémentés d'autres produits d'origine agricole et animale au fil du temps.

Le sorgho et le maïs sont cultivés dans des proportions plus modestes. Ils sont mélangés au mil pour faire la farine de base destinée à la préparation des principaux supports des plats cuisinés.

La culture du manioc, au départ planté entre les arbres fruitiers des plantations, se développe de plus en plus comme option de rechange face aux irrégularités des pluies, qui perturbent souvent les cultures traditionnelles. Sa rentabilité financière est fortement appréciée par les paysans.

Les haricots (niébé) côtoient l'arachide qui est cultivée comme culture de rente depuis le début du XIXe siècle, suite à son introduction en Afrique de l'Ouest par les colons français. Cette dernière, appartenant à la famille des oléagineux, est transformée en huile et en pâte ou est concassée pour être utilisée avec le couscous. La paille et le tourteau servent à l'alimentation du bétail local, s'ils ne sont pas expédiés dans les différentes villes pour y être vendus.

La position géographique, par rapport aux grands centres de production de vivres, et le pouvoir d'achat des familles conditionnent la consommation quotidienne de lait, de volaille, de poisson séché, fumé, ou frais, ou de viande.

Il existe un élevage domestique de prestige qui, à part la fourniture de lait, ne joue pas trop sur le régime alimentaire des agriculteurs.

Bien que le lait caillé sucré, parfumé à la noix de muscade et à la vanille, soit aujourd'hui utilisé pour la bouillie de mil, auparavant, on avait recours à un jus à base de tamarin, de pain de singe ou de fleurs d'hibiscus blanc (*bissap*).

Dans les limites des exploitations familiales ou dans de mini-jardins, les femmes entretiennent de l'hibiscus pour ses feuilles et ses fleurs, du gombo, des courges et des tomates selon les saisons.

La zone des Niayes, longeant la grande côte, entre Saint-Louis et Dakar, s'est imposée comme première productrice de produits maraîchers. La nappe phréatique, qui affleure dans les dépressions inter dunaires, donne accès à d'immenses ressources hydriques favorables à la culture des légumes.

De ce fait, le développement des infrastructures de communication terrestre favorise un meilleur accès aux denrées halieutiques, aux diverses variétés de légumes et aux produits manufacturés, en particulier pour les populations rurales du Sénégal.

La tradition gastronomique locale à base de mil, malgré le développement de regroupements de femmes spécialisés dans la transformation artisanale des céréales, n'est pas encore assez promue. Les céréales locales transformées sont présentes sur les rayons des grandes surfaces mais avec des prix un peu élevés pour le Sénégalais du commun.

En outre, les cuisinières rechignent à préparer le couscous fait maison à cause surtout de la longueur du processus de transformation du mil qui constitue des tâches supplémentaires. Aussi, faudrait-il maîtriser les techniques de manipulation de la farine pour obtenir des agglomérats ou de fins grains, selon le plat de destination !

Cependant, il est scientifiquement prouvé que la consommation du mil est bénéfique pour la santé. Cette céréale ne contient pas de gluten et elle est riche en fibres ; ce qui facilite le transit intestinal. En bonne source d'énergie, sa valeur nutritive est intéressante du fait des protéines végétales, du phosphore, du magnésium, du fer, du zinc, du potassium et des vitamines B qui la constituent.

Cette composition chimique lui donne des propriétés efficaces pour la lutte contre les douleurs musculaires, la fatigue physique, les altérations du système nerveux, l'insomnie, la dépression, l'anxiété et l'hyperactivité. En bon antioxydant, le mil aide à la prévention des maladies dégénératives également. La promotion d'une céréale locale comme le mil devrait aider à atténuer les effets de la malbouffe qui commencent à être un vrai problème de santé publique dans les pays en voie de développement.

Les plats peuvent être salés, sucrés ou sucrés-salés et s'adaptent à diverses occasions.

En guise de repas principal, les menus sont bien diversifiés. Entre autres, nous pouvons citer :

- Le *laax* qui se décline sous plusieurs formes. Étymologiquement, le mot renvoie à l'action de remuer la marmite remplie d'un fluide en ébullition. La spatule, bougée dans un mouvement régulier de rotation, racle le fond pour éviter que la matière ne s'y colle.

La préparation consiste à faire cuire de la brisure ou de la farine roulée de mil dans une quantité d'eau calibrée, légèrement salée. La pâte obtenue, d'une consistance assez fluide, se raffermit davantage en refroidissant pour former progressivement une croûte à sa surface. Il est servi traditionnellement dans une calebasse avec un jus qui qualifie le *laax* en question. Ainsi, nous en avons plusieurs types aux goûts sucrés :

• Le *laaxu soow*, avec du lait caillé, consommé à tous les repas. Préparé avec des agglomérats ou des brisures, il a beaucoup évolué avec la disponibilité de produits laitiers importés. Au départ, il était principalement fait avec du lait en crème recomposé à partir de la poudre de lait, afin d'en disposer d'énormes quantités utilisables lors des grandes cérémonies telles que les baptêmes. Avec le développement d'une industrie locale, il est possible de trouver des seaux allant jusqu'à 20 litres de lait en crème, en nature ou sucré et parfumé de saveurs différentes. Le *laaxu sow*, compte tenu des ingrédients principaux, est le plat, par excellence, utilisé pour les sacrifices de nourriture. Il est mangé également comme premier repas partagé entre les nouveaux mariés, quelques minutes après l'arrivée de la femme dans le domicile conjugal, selon un rituel particulier :

- Le *laaxu nëtëri* est fait avec du jus de pâte d'arachide sucré comme sauce. La pâte précuite est mélangée avec du jus de *buy,* le fruit du baobab appelé également « pain de singe ». Apprécié par les populations, il concurrence le *laaxu sow*.
- Le *laaxu buy* a une sauce faite avec du jus de « pain de singe ». C'est un repas très sain, qui était utilisé traditionnellement durant les périodes de disette dans les campagnes sénégalaises, et durant les répercussions des crises économiques et des sécheresses du siècle passé. Le recours à ce type de *laax* au caractère très basique, durant les difficultés alimentaires, a fini par l'assimiler à la pauvreté dans la mentalité locale. Il n'est plus consommé dans la campagne.
- Le *laaxu ngex* était servi avec du jus d'hibiscus blanc ou de tamarin. Consommé pour les mêmes raisons que le *laaxu buy*, il a pratiquement disparu de la cuisine sénégalaise.

Il existe un plat de *laax* épicé, appelé *laaxu bissap*. Il est fait d'un mélange de brisures de mil, de poudre d'arachide, de poisson fumé et séché, de fleurs d'hibiscus (*bissap*) et divers condiments, cuits de la même manière.

Les saveurs qu'il dégage, relevées par les épices, en font une nourriture très recommandée en cas de perte d'appétit et pour les périodes de convalescence.

Les plats à base de mil salés et épicés avec du piment, du poivre et de fleur d'hibiscus (bissap blanc), sont tout aussi nombreux :

- Le *nieleng* est cuisiné de plusieurs manières à travers les différentes communautés de la Sénégambie. À la base, il faut de la brisure de mil, de la poudre d'arachide, de l'huile, du poisson séché et fumé, des épices, des haricots, etc. La pâte compacte obtenue après cuisson peut recevoir de la sauce faite avec diverses composantes qui varient selon les ingrédients disponibles.
- Le *ngëmb* est cuisiné à la manière du riz gras, sauf qu'à la place du riz, c'est le couscous qui est mis dans la marmite.

Aujourd'hui, ces deux plats très originaux sont presque inconnus dans les milieux urbains.

- Les *Cere* (couscous) sont constitués d'un substrat de couscous, agrémenté de *laalo* (poudre de feuilles de baobab ou de *mbep*), arrosé de la sauce qui qualifie le type. Les gens ont des préférences peu marquées pour le couscous dont le processus de transformation entier se passe le même jour (*cere njanja*) et qui a un goût plus doux que celui qui a été préparé avec des graines de mil pilées et fermentées, parce que lavées la veille et conservées humides.

• Le *cere yaan* est présenté avec une sauce basique faite à base d'eau, d'épices, de haricots et de poisson séché ou fumé, dans sa meilleure présentation. Selon la modestie des possibilités financières, le plat peut être réduit à sa plus simple expression. Il est davantage consommé le soir, surtout au cœur de la saison hivernale, quand les réserves de nourriture s'amenuisent, tandis que les nouveaux produits agricoles ne sont pas encore mûrs.

- Le *cere bassi* est très apprécié par les populations. La sauce à base d'arachide mélangée avec des protéines animales (abats ou poisson fumé) et végétales (haricots) et épicée célèbre le retour des jours fastueux avec le début des récoltes. Il existe de légères variantes du *cere bassi* en fonction de l'humectation du couscous ou pas, de sauce faite à base de pâte cuite ou de poudre crue d'arachide ou de l'ajout de viande ou d'abats.
- Le *cere taalaale : fait* avec du gras, du poisson ou de la viande, de la tomate et divers ingrédients, ce plat est consommé principalement lors des grandes cérémonies et célébrations populaires impliquant un dîner.

La tradition musulmane locale voudrait qu'on mange du *cere talale* le soir de la célébration de *la nuit du destin, laylat al-Qadr*. C'est une occasion où le couscous subit un traitement spécial pour rehausser la stature du plat selon les capacités financières. Le *cere* est frotté avec du beurre et mélangé avec des haricots et des raisins secs. La sauce rouge, à cause de la tomate, est à base de viande de bœuf, de mouton, de chèvre ou de volaille et de légumes (carotte, navet, manioc, choux).

- Le *cere mbuum* est généralement fait avec de la sauce aux feuilles de moringa, qui donne le nom du plat, enrichie à la poudre d'arachide, de poisson séché et fumé, de tomates fraîches et de haricots. Ses bienfaits nutritifs sont reconnus par les Sénégalais. Il est possible de le cuisiner avec d'autres feuilles de la savane sénégalaise (*caxat, mbuum nduur*) ou du chou découpé en menues portions.

En dehors des principaux repas familiaux, des casse-croûte et des préparations spéciales à base de farine de mil sont faits. Il s'agit :

- Du *fonde* : les agglomérats de farine de mil sont bouillis dans de l'eau avec une pincée de sel, puis sucré et parfumé avec du jus citron ou du jus de fleur d'hibiscus blanc ou de fruit du baobab. Selon les cas, certains y ajoutent du beurre ou du lait ou/et de l'huile de palme que l'on trouve surtout dans le sud du Sénégal. Le *fonde* est consommé principalement le matin ou le soir.

- Du *ruy* qui est juste de la farine de mil bouillie dans de l'eau. Il peut recevoir les mêmes ingrédients que dans le *fonde* dont il constitue une version allégée. A cause de sa consistance fine, c'est la nourriture des nourrissons, des accouchées et des malades.
- Du *sombi dugup* qui est un mélange de brisure de mil et de pâte d'arachide au goût sucré consommé dans les mêmes conditions que les deux plats précédents.
- Du beignet *dugup* fait sous forme de galettes frites dans de l'huile. Il était servi lors des fêtes traditionnelles. C'est un potentiel substitut du pain au petit déjeuner. La farine de mil peut aussi remplacer celle de blé dans la pâtisserie locale.
- Du *mburaake* qui est une composition, faite à base de couscous séché de préférence, de pâte ou de brisure d'arachide cuite, de sucre et de sel, passée sous les coups du pilon pour obtenir une homogénéité. Il est possible d'utiliser à la place de la pâte des graines d'arachide grillées, nettoyées de ses téguments et fracassées. Le tout est passé au couscoussier pour obtenir un galet qui est découpé en tranches pour être servi. Le *mburaake* a une grande capacité de conservation. Il est assimilé à la nourriture du voyageur dans les contes traditionnels.

✓ Du *càkri* (ak soow), vendu en pot ou en vrac dans les grandes surfaces ou dans les boutiques de quartiers, il est devenu un casse-croûte sucré populaire. Les agglomérats de farine de mil, cuits au couscoussier, sont généreusement mélangés à du lait caillé pour obtenir une préparation plus ou moins liquide.

Le lait (*soow*) aussi retrouve le couscous (*cere*) pour donner un repas simple appelé *cere* ak meew (cere *ak sow,* si le lait est caillé).

Le mil n'est pas qu'une céréale ordinaire au même titre que les autres au Sénégal. Il fut le support et la source principale de nourriture qui a aidé les populations à vivre pendant plusieurs millénaires. Les paysans en ont fait la culture de subsistance par excellence pour réaliser l'autosuffisance alimentaire favorable à l'équilibre social.

Ainsi, après trois mois d'activité champêtre, ils avaient tout le restant de l'année pour vaquer à d'autres occupations. D'ailleurs, durant la saison des pluies, il était quasiment interdit de taper le tam-tam au risque de faire fuir les précipitations et d'installer la sécheresse.

En s'ouvrant peu à peu aux cultures de rente, les paysans se donnaient plus de possibilités pour satisfaire les nouveaux besoins introduits par les civilisations étrangères et pour s'acquitter des obligations fiscales imposées par l'administration coloniale.

Le recul de la consommation du mil, avec le temps, s'est fait au fur et à mesure de l'installation de la modernité, au profit d'aliments importés promus par les médias de masse.

Le patrimoine gastronomique des peuples originellement établis entre les rives du Sénégal et de la Gambie s'est appuyé sur le mil dont les activités de production, de transformation et de consommation sont fortement imprégnées par les systèmes de pensées. Ainsi, le mil est quasiment lié à l'ensemble du patrimoine culturel immatériel qui fonde l'identité commune des communautés originaires de cette partie du pays.

Son éviction n'est pas un choix délibéré, mais plutôt un résultat de l'impact sournois d'une mondialisation au profit de nations dont le succès économique s'appuie sur la maîtrise de l'évolution des processus de productions endogènes.

En explorant leurs bases idéologiques et identitaires et les options prises par rapport aux contenus politiques touchant leurs relations avec les autres nations, nous pourrions sonner l'urgence de réfléchir sur la situation locale. Il s'agira de faire une modélisation de la trajectoire des peuples technologiquement avancés, qui donne à l'aspect identitaire une place centrale dans le projet national de développement socio-économique.

TROISIÈME PARTIE

PATRIMOINE CULTUREL IMMATÉRIEL ET DÉVELOPPEMENT

3.1 Les fondements culturels du développement socio-économique

L'identité culturelle trouve ses attaches dans la conscience du soi comme élément isolé dans le groupe d'appartenance. Naturellement, nous cherchons à donner le meilleur de nous-mêmes dans un contexte de comparaison et de concurrence perpétuelles avec les autres. Les thèmes et les contenus des relations avec autrui sont orientés par des référentiels communs consensuels, entretenus par tous les membres de la communauté. Les lois et règlements balisent les bornes extérieures des droits et obligations pour parer aux dérives, afin de préserver l'équilibre général du système.

Les projets sociaux pertinents, parce qu'ils s'adressent à des formations humaines, impliquent explicitement ou implicitement la question de l'origine. Cette dernière se réfère à une situation commune précise de départ, suivie d'un cheminement collectif assez long, jalonné d'étapes charnières marquantes, pour susciter le sentiment d'être voués à une même destinée.

Cependant, si la quête historique d'un socle collectif peut remonter très loin dans l'histoire, l'échéance du projet politique proposé ne s'étire guère à plus d'une génération. Cette option est assujettie aux réalités des systèmes démocratiques en vigueur où les citoyens qui confient leur destinée à des équipes dirigeantes, ont besoin d'avoir de la visibilité sur une vision de société rattachée aux défis qui leur sont contemporains. Leur quitus et leur adhésion sont stimulés par la sensation de proximité qu'ils peuvent ressentir vis-à-vis de ce futur prometteur qui est proposé.

La question des délais et la volonté d'incarner une rupture assumée avec les prédécesseurs constituent des difficultés majeures pour chaque nouvelle organisation

politique élue dans le processus de consolidation de l'État-nation en Afrique subsaharienne.
Devant la pression du désir de réaliser des bonds qualitatifs immédiats, en termes de progrès socio-économiques inspirés des sociétés occidentales, et celle de la nécessité de penser au renouvellement des mandats électifs, les fondements du développement sont continuellement escamotés.

Les obstacles à la réalisation du rêve vendu aux populations restent entiers, quand on sait que même les États technologiquement développés, malgré la maturation de leurs bases identitaires et patriotiques, connaissent des difficultés avec les crises cycliques du système capitaliste.

Néanmoins, une certitude demeure, le facteur culturel s'inscrit normalement en priorité absolue dans le processus de construction d'une société harmonieuse, prospère et résiliente.

Ainsi, la réalité théorique dénommée « nation », en se superposant à la diversité humaine et culturelle, crée en même temps un nouveau palier identitaire supérieur, avec des symboles inspirés des traits d'union entre ses composantes. Ces marques matérialisant l'unité doivent être assez générales pour engager toute la communauté concernée et assez neutres pour demeurer intemporelles. Elles s'inscrivent d'ordinaire dans le registre de la fierté d'appartenir à une entité étatique, de l'engagement à œuvrer pour la cohésion sociale, de la solidarité pour cimenter les liens entre ses membres et surtout de l'espoir en un avenir meilleur.

Normalement, la structuration du processus politique, économique et social de l'État en construction devrait dépendre de la situation de départ, qui inspire le modèle de citoyen à paramétrer avec des référentiels endogènes. La formulation de ce type d'homme capable de porter la vision de société prédéfinie constitue l'élément le plus fondamental pour une communauté qui ambitionne d'asseoir son essor socio-économique.

Ainsi, le capital humain est la première ressource qu'il faut préparer, soigner et pérenniser afin de maintenir un élan de progression confortable, dans un univers de chocs et de rivalités entre les civilisations.

Malheureusement, l'humanité a également connu ses heures les plus sombres à cause des postures génocidaires utilisant comme mobiles les particularités raciales, ethniques ou confessionnelles.

Sous le sceau de l'identité, l'exaltation de la pureté de la race arienne en Allemagne, l'apartheid en Afrique du Sud et les génocides rwandais et yougoslaves constituent des paroxysmes contemporains du crime contre l'humanité. La répression des Ouïghours, une minorité à majorité musulmane de la région du Xinjiang en Chine, tiendrait également au fait qu'ils ne se sont pas assez sinisés aux yeux des autorités chinoises. Des cas similaires existent encore ailleurs, sous d'autres formes et dans des proportions plus modestes et moins visibles.

« À trop appartenir on ignore les autres, ceux qui n'ont pas la même appartenance. Cela peut conduire à une véritable folie identitaire », nous alerte Michel DELAGE (2014)[81].

Cette crise identitaire est désignée comme la principale source des déviances et une base fertile pour l'émergence de phénomènes de propagande et d'enrôlement des formations extrémistes.

Si ces exactions qui tendent à saper la stabilité et la cohésion bénéficient d'une organisation centralisée et de moyens suffisants, les conséquences sont plus marquées.

---

[81] DELAGE Michel, « Identité et appartenance. Le systémicien à l'entrecroisement du personnel et de l'interpersonnel dans les liens humains », *Thérapie Familiale*, vol. 35, no. 4, 2014, pp. 375-395

De nombreux maux, provoqués par les déviations de l'exaltation des particularités culturelles, ont plongé le monde dans une sorte de phobie des revendications identitaires. Les théoriciens préfèrent utiliser des termes qui sont en phase avec les formes modernes de l'État tels que patriotisme et citoyenneté.

Ce choix sémantique fait davantage référence à des droits, au sens du devoir, encadrés par une autorité centrale, avec une focalisation sur les symboles nationaux. Cette approche s'inscrit dans le sens de mettre l'entité territoriale au premier plan, afin de minimiser les particularités culturelles.

Ainsi, dans cette perspective, l'incarnation de l'État passe à travers la prégnance des symboles de la Nation, que les différentes structures administratives ont l'obligation d'entretenir au quotidien. Ceci est facilité par une ritualisation des opérations et manifestations officielles publiques, à travers des protocoles encadrés. Le système scolaire tend à installer les bases pour la réceptivité des messages allant dans le sens d'asseoir les attitudes idoines afin de perpétuer la citoyenneté.

En réalité, pour le cas d'espèce, la conscience d'appartenance s'opère d'abord au niveau individuel, puis transcende le groupe social, avant de jaillir dans l'unité et la cohésion nationales. Le « je » se projette dans un « nous » prédéfini où il trouve son bien-être et sa sécurité en cédant une partie de sa liberté. Dans ce processus, l'essence sociale de l'individu fait du groupe d'appartenance, un centre d'expérimentation et de consensus qui dicte la posture de tout un chacun par rapport à la vie en général.

Naturellement, géographiquement, la personne appréhende sa citoyenneté à travers les limites des frontières de son pays d'origine, avant de descendre progressivement jusqu'à la cellule familiale, qui occupe une portion de terre dans une collectivité territoriale.

Que l'ancrage soit familial, villageois, communautaire, régional ou national, les ressentis et les perspectives changent mais le sentiment d'appartenance demeure universel.

Le mariage entre le territoire et le terroir implique la dimension humaine et les atouts naturels du milieu ; le premier relèverait du sens administratif, le second se rapprocherait plus de l'émotionnel. Le citoyen est soumis continuellement dans ce changement perpétuel de perspective qui le fait voyager entre les multiples identités qui le traversent.

Instaurer la confiance, la stabilité et surtout la cohésion dans une Nation, reviendrait à renforcer l'adhésion des citoyens à une vision clairement définie et à leur donner les aptitudes morales et matérielles nécessaires à la mise en œuvre du projet de société mûrement pensé.

Le groupe commence d'abord par donner une valeur à la vie, en répondant à la principale question existentielle : quel est le sens de la vie ?

Au niveau individuel, la réponse ne peut qu'être subjective et fait appel à différents paramètres. D'un point de vue pratique, l'existence est naturellement orientée vers une quête d'harmonie avec son milieu, qui débouche sur le bien-être et l'épanouissement.

En effet, la planète Terre est dotée de conditions idéales favorables à la naissance, à la croissance et à la déchéance des organismes qui l'habitent. Le cycle naturel de la vie est imparable et constitue le moteur de l'équilibre de l'écosystème terrestre.

La loi de la pesanteur, la nature du milieu de vie, les besoins physiologiques et la concurrence entre les espèces exigent de chacun des réflexes et des parades, afin d'alléger la pression du sentiment de fatalité que nous rappelle constamment notre réalité biologique.

Aux aurores de l'humanité, l'homme s'est attelé à mettre en place des mécanismes pouvant l'aider à résister le plus longtemps possible dans son combat pour la survie. Le grégarisme, qui a caractérisé ces premières communautés, a favorisé la sécrétion de cadres réglementaires de la vie sociale, mais également la mutualisation des découvertes et des innovations technologiques, à travers les différentes périodes de la préhistoire et de l'histoire.

C'est également tout le sens des progrès scientifiques enregistrés par l'humanité, à partir du XIXe siècle, baptisés sous la terminologie de révolution industrielle. Il s'agit d'une succession cohérente et maîtrisée de fulgurantes victoires contre la nature, qui ont permis d'augmenter sensiblement la productivité, d'améliorer l'alimentation et les conditions sanitaires, et de voyager vers des contrées plus ou moins lointaines, avec plus de sécurité.

Ainsi, en repoussant les frontières du mystère, les hommes ont appris à cerner la fatalité et à remettre en cause les bases principielles de la monarchie de droit divin.

L'érudition qui s'est saisie des intellectuels, en réaction aux ratés des nouveaux systèmes politiques expérimentés, a permis de développer des concepts clés pour la vulgarisation de l'État de droit, de la démocratie et enfin du capitalisme.

Le monde contemporain est aussi témoin de la puissance dévastatrice du génie humain en proie à des dérives.

Une existence (terrestre) heureuse se projette dans un contexte social bien structuré. Cet idéal s'exprime selon notre foi associée à un modèle généralement prédéfini, qui intègre les éléments du milieu dans lequel nous vivons.

Les Terriens ont désormais pris conscience des risques qui menacent la planète, à cause d'une exploitation désordonnée des ressources naturelles. Dès lors, la dimension écologique et environnementale est désormais intégrée au concept de développement, en prenant en compte l'aspect durabilité. Les nombreuses alertes bioclimatiques reçues ont fait comprendre que la nature ne peut pas contenir indéfiniment l'élan dans lequel l'humanité s'est engagée depuis plus de deux siècles.

La révolution industrielle, née en Europe, s'est instituée sur l'humanité en une machine capable de miracles certes, mais qu'il faut alimenter à la sueur d'une partie de la population. Son essor a obligé les grandes puissances à sortir de leurs frontières pour aller à la recherche de matières premières à l'international, quitte à spolier les peuples technologiquement moins développés.

Ainsi, le capitalisme, dans son acception commune, se traduit par une partie de l'humanité exploitant une autre. Sous un autre angle, il s'agit d'une minorité de privilégiés qui profite du dur labeur des masses populaires. Il s'est imposé comme principal visage du développement depuis les années 1990, avec l'éclatement de l'U.R.S.S.

Certes, même si l'Afrique noire en a fait les frais durant tout son contact avec l'Occident, nous n'allons pas tenter de recréer la roue.

Cependant, ce serait une grave erreur que de continuer à faire des copier-coller sans discernement, une greffe aveugle de civilisations ; et encore s'il ne s'agissait que de cela !

La mondialisation, avec tout ce qu'elle implique, est un fléau actif, un mirage insidieux qui mobilise toute la vie des peuples victimes, au profit des nations dites développées.

Les dysfonctionnements qui semblent bénins aujourd'hui seront vus demain comme des plaies béantes par nos descendants. Notre responsabilité sera engagée à la même enseigne que celle des Africains contemporains des actions de déprédation sur le continent noir du XVIe au XXe siècle.

À terme, la valeur économique de l'assujettissement issu de la mondialisation pourrait être supérieure à celles de la traite négrière et de la colonisation réunies. Même s'il serait illusoire, voire impossible de rejeter un système mondial qui s'est bien ancré en Afrique noire, il est possible de modifier le sens de marche de la « roue ».

La furie des médias dans leur quête de scoops à sensations à travers les faits divers, qui traversent le quotidien des Sénégalais, cache l'évidence de l'effilochement de l'identité nationale.

La pertinence du débat sur la « sénégaléité[82] » est inconsciemment au profit de thématiques clivantes et passionnelles, dont le tempo est donné par les acteurs politiques.

Les productions artistiques ont suivi la tendance en dénonçant les tares de la société, sans pour autant travailler sur la matérialisation de notre singularité. Les performances scéniques sont le plus souvent réalisées avec des décors luxueux et des tenues empruntées à d'autres cultures foncièrement différentes des nôtres.

L'explication est à trouver dans le mimétisme, qui structure la production artistique locale, souvent obligée de reprendre des référentiels mondiaux, issus de peuples qui sont à un stade différent d'évolution sociale et culturelle.

Que l'identité nationale soit la synthèse des particularités communautaires ou la dictature du groupe le

---

[82] L'incarnation de l'identité sénégalaise basée uniquement sur les valeurs culturelles et les référentiels historiques.

plus représentatif, elle dépeint toujours la personnalité morale du pays en lui donnant ses attributs les plus distinctifs.

Donc, naturellement, il nous plaira de revisiter l'histoire de différents projets de développement plus ou moins réussis à travers le monde et leurs contextes de conception, pour identifier la manière dont l'aspect identitaire a été négocié avec succès.

L'analyse des différentes trajectoires des peuples et de la place donnée à la formation d'une identité nationale, dans les projets nationaux, pourrait aider les jeunes États africains à modifier le tir en s'inspirant des expériences vécues.

Ce passage en revue permettrait de repérer des similitudes dans les options stratégiques, expliquant les succès ou les ratés des diverses tentatives d'émergence des grandes puissances économiques.

Quelle que soit sa situation, une communauté se retrouve, à un moment de son évolution, dans l'une des postures suivantes :

- À monter un nouveau projet à partir d'un groupe formé d'individus d'origines diverses ;
- À essayer de resurgir après l'échec du projet social dans lequel elle s'était engagée ;
- À œuvrer pour la perpétuation d'un projet déjà implanté par des prédécesseurs ;

Ces trois cas de figure caractérisent les sociétés qui portent aujourd'hui le modèle de développement en vigueur à l'échelle de la planète, avec des fortunes diverses.

Le premier cas, qui fascine et inspire de par sa puissance et sa prégnance principalement sur la jeunesse à l'international, est celui des États-Unis d'Amérique. Partis d'une situation de chaos presque généralisé, les pères fondateurs se sont appuyés sur des principes fondamentaux autour desquels des peuples issus d'horizons divers se réunissent pour entretenir un idéal commun.

Le flot d'immigrés, venus volontairement en quête de richesse ou ayant fui l'Europe sous le joug des purges protestantes[83], à partir du milieu du XVIe siècle, a constitué une bonne base pour une identité confessionnelle. Cette volonté partagée de vie commune a transcendé les dures réalités de la conquête du *Far West*, les maladies, les guerres de sécession, la ségrégation raciale, etc., pour s'ancrer fermement dans la conscience de l'Américain.

In God we Trust ! Répètent-ils fièrement. Le moule social imaginé forme un modèle d'homme appelé Yankee[84] qui force le respect de par sa stature, son courage et son envie de réussir.

Dès les années 1940, la puissance américaine a pris l'option de faire des médias un outil de rivalité afin d'asseoir son pouvoir à travers le monde. Sur bénédiction du Congrès en 1944, tous les acteurs sont ainsi mobilisés, des grandes entreprises de communication à l'opinion publique, pour gagner la bataille internationale de l'influence. La radio et les magazines illustrés durant la guerre froide, les chaînes de télévision d'information par satellite, internet et les réseaux sociaux dans la période

---

[83] L'édit de Châteaubriant pris 27 juin 1551 pour punir les doctrines et les rites dits hérétiques. L'idée d'un refuge d'un lieu où ils pourraient exercer librement leur foi a été développée. Les premiers départs arrivent aux Amériques vers 1555.

[84] Terme à connotation péjorative qui, pendant la guerre de Sécession, était employé par les Sudistes pour désigner les Nordistes. Aujourd'hui, quand il est employé dans le reste du monde, il s'applique aux Américains en général ; employé par les Américains, il désigne un habitant de la Nouvelle-Angleterre.

post-guerre froide deviennent des instruments actifs du rayonnement planétaire des États-Unis[85].

Grâce à la langue anglaise, à *Coca Cola*, à *Marlboro*, aux *Jeans*, aux grosses cylindrées, à la musique, etc., l'Amérique est vue de l'extérieur comme l'exemple à imiter.
Avec l'essor du cinéma, Hollywood a largement contribué à vendre le rêve américain avec un succès retentissant.

Les États-Unis d'Amérique ont procédé à la démonstration de leur supériorité militaire à travers les conflits régionaux, dans lesquels ils se sont rangés à côté de protagonistes engagés directement. L'exemple le plus marquant de la manifestation du droit d'ingérence est son intervention suite à l'invasion et à l'annexion du Koweït par l'Irak en août 1990. Ils s'imposent officiellement en gendarmes du monde avec la résolution 688 relative au droit d'ingérence du Conseil de sécurité de l'ONU, votée le 5 avril 1991.

Malgré ses référentiels communs, l'Amérique reste une terre de diversité écologique, sur laquelle viennent se superposer les différences culturelles et sociales des minorités souvent isolées et persécutées.

Les Afro-Américains, les Hispaniques, les peuples autochtones d'Amérique, les Asiatiques, etc., sont autant de groupes qui incarnent des singularités, souvent source de tensions internes.

Au sein de ce peuple, le phénomène des classes sociales déteint sur une texture urbaine, opposant des ghettos malfamés aux quartiers résidentiels où s'étale un luxe insolent.

---

[85]Philippe Boulanger, « Médias et *world dominance américaine* », *Géopolitique des médias. Acteurs, rivalités et conflits,* sous la direction de Boulanger Philippe. Armand Colin, 2014, pp. 81-118.

Ces problèmes surgissent des réalités d'une autre Amérique qui résiste encore. Ceci pourrait principalement s'expliquer à travers la composition de la société d'origine, sur laquelle le projet des États-Unis d'Amérique s'est fixé et le souvenir encore très récent des rapports raciaux qui ont longtemps privilégié les Blancs. D'ailleurs, le projet politique, auquel toute l'Amérique a fini par adhérer, a été initié par la composante humaine en majorité venue d'Europe. Le succès économique et les opportunités offertes, la culture de la réussite et la reconnaissance des symboles de la nation fondent la notoriété des USA au niveau international.

En comparant le modèle américain à celui dit hébraïque, il est possible de délayer les imperfections et impuretés originelles qui se sont glissées dans le projet des États-Unis. Le succès économique du peuple juif viendrait aussi de cette base religieuse qui a façonné une mentalité de fer nourrie par le culte du communautarisme et d'un système économique privilégiant une appartenance bien cimentée.

En se considérant comme le « peuple élu de Dieu », les Juifs détiennent par-devers eux, toutes les aptitudes morales pour réussir leur projet social et économique.

Évidemment, il serait assez simpliste d'occulter l'apport des facteurs structurels, tels que l'importance accordée à l'éducation, aux réseaux d'entraide internes, et à des systèmes économiques favorisant la cohésion de groupe.

Le sentiment d'appartenir à un groupe avec une histoire ou une vocation particulière peut, dans certaines conditions, renforcer la motivation collective et les aptitudes morales nécessaires pour réussir un projet social au sein d'un système économique mondial.

Le second cas est celui d'un peuple qui, à un certain moment de son évolution, a été obligé de changer brutalement de système politique pour s'engager définitivement dans une nouvelle voie. C'est l'exemple de la France, entité étatique dont la trajectoire a été éprouvée par des dysfonctionnements imputables à l'ordre social traditionnel institué. Une noblesse, avec tous les droits, accompagnée par un clergé acquis à sa cause, s'est appuyée sur le Tiers-état pour bâtir un patrimoine monumental extraordinaire. L'État-nation, qui se forme à l'époque contemporaine, prône la toute-puissance du peuple français réuni par un idéal commun, qui est d'instaurer une société libre, équitable et unie par des liens fraternels.

Le culte de l'honneur et de la dignité inspiré par la culture chevaleresque moyenâgeuse, les rivalités avec les autres puissances mercantilistes de l'époque et surtout le sentiment d'appartenance promu à travers l'éducation et les symboles de la nation ont permis au peuple français de se surpasser.

Malgré les différentes péripéties de son évolution, l'assise identitaire est suffisamment solide pour le maintien d'un esprit patriotique et l'acception collective des lois et règlements, qui régissent l'espace public et les limites de l'exercice des droits des citoyens.

La dictature de la langue française n'a pas tué toutes les particularités provinciales. D'ailleurs, un accent particulier est accordé à la promotion des produits des terroirs.

La gastronomie française est soutenue par la culture de la qualité dans la production de vin, de fromage, de pain, etc. Cette option renforce les agriculteurs et éleveurs qui ont profité de la mécanisation pour augmenter leurs productions, afin de combler la demande nationale et gagner des parts de marchés sur l'international.

La compétitivité du secteur de la transformation tient également d'un marché intérieur très fidèle, mais, et surtout, de la plus-value apportée aux produits tropicaux comme le café et le cacao qui ont intégré les habitudes alimentaires.

Sous un autre angle, les édifices architecturaux, témoins du génie français, qui gardent aussi la mémoire des figures historiques, constituent une source de fierté pour les nationaux. Ainsi, les châteaux, les églises, les canaux, les musées, le patrimoine littéraire, en résumé, toutes les traces d'un passé glorieux, qui peuvent inspirer l'identité, sont mises à la disposition des publics directement ou indirectement.

Le Français du commun est un grand consommateur de produits culturels. L'avènement des médias de masse a aidé à diversifier les canaux et rendre plus accessible l'information culturelle, qui est mieux diffusée à travers le monde.

Les tensions notées récemment en France sont le résultat de choix politiques sur la gestion de la démographie et surtout des retentissements des crises économiques liées à la géopolitique mondiale[86].

La grandeur et la notoriété de la France cachent aussi des problèmes liés aux minorités qui peinent à s'intégrer parfaitement. Les différences sociales alimentent l'insécurité dans les banlieues des grandes villes et provoquent l'exacerbation d'un sentiment nationaliste de plus en plus marquée.

Ce modèle est presque commun à l'essentiel des pays d'Europe occidentale avec des référentiels de pensée assez similaires pour pousser à parler de culture occidentale.

En Asie, le Japon et la Chine ont réussi à s'approprier la civilisation occidentale en maîtrisant le flux des connaissances et des compétences nécessaires à leur essor économique, tout en préservant leur identité.

---

[86] Cf. au mouvement des Gilets jaunes qui débute en octobre 2018 pour dérouler des séries de manifestations sur plusieurs mois.

Le Japon a été le premier à comprendre la nécessité de s'inspirer de l'Occident pour mener à bien son projet de modernisation. Ainsi, après des siècles de réclusion et d'autarcie, l'empereur Mutsuhito, aidé par une partie de l'élite, instaure ce qui s'appelle l'ère *Meiji*.

Il s'agit de la modernisation des structures administratives, sociales et économiques pour le renforcement de l'État-nation au détriment du système féodal traditionnel. L'ère Meiji, qui débute officiellement le 23 octobre 1868, est une véritable révolution culturelle qui a permis de se débarrasser des pesanteurs de la gestion traditionnelle du pouvoir et de renforcer la connaissance internationale (occidentale). Ces options ont permis d'industrialiser le pays et de renforcer son armée par le transfert de technologie et grâce à l'aide d'instructeurs européens.

La Chine, pour sa part, est devenue le modèle économique qui fascine et inquiète le monde, en dépit des critiques formulées à son égard par les puissances rivales. Les médias occidentaux nous renvoient l'image d'un régime autoritaire qui exagère dans la punition des contrevenants du cadre légal établi. On nous parle également des efforts consentis pour créer un écosystème numérique indépendant des réseaux sociaux internationaux dominés par des flux culturels véhiculant des référentiels sociétaux occidentaux.

Cependant, pendant longtemps, nous avons reçu, à travers les livres et surtout le cinéma, l'image d'un grand pays, à la civilisation millénaire, imbibé d'une sagesse philosophique paisible. L'immensité du territoire ainsi que le foisonnement des ressources naturelles telles que le thé, la céramique et la soie, qui sont entrées dans les mondanités occidentales, sont autant de facteurs qui ont attiré la convoitise étrangère. Ainsi, le retard accusé dans la modernisation de ses armées a été favorable aux poussées impérialistes mongoles, mandchoues, japonaises et européennes.

En s'essayant au régime communiste, le pays s'est enlisé dans de profondes crises politiques desquelles il s'est dépêtré, aidé par la rigueur et par la discipline d'une éducation sous-tendue par des valeurs puisées dans son fond culturel.

La force de l'identité chinoise s'est affirmée face au mercantilisme européen, déclenchant un conflit connu sous le nom de *guerres de l'Opium*.

De manière résumée, dans la première moitié du XIXe siècle, une partie de la marine marchande européenne a buté sur la question de trouver des produits intéressant les Chinois afin d'amortir les coûts des voyages à l'aller. L'arraisonnement de navires pour cause de contrebande de l'opium au niveau des ports chinois a provoqué une guerre qui débouche sur l'ouverture forcée de la Chine. L'empire du milieu est forcé de céder onze concessions portuaires aux puissances occidentales sur la base des fameux « traités inégaux ».

Comme avec le cas du Japon et la plupart des nations asiatiques qui enregistrent des succès économiques, le travail fondamental, visant à atteindre un niveau de développement élevé, a consisté à miser d'abord sur le renforcement du sentiment patriotique d'appartenance à une communauté forte.

Cependant, il faudrait signaler un fait de taille qui est la continuité historique de l'empire chinois dans les mentalités. Le succès fulgurant de la Chine contemporaine s'explique par le travail d'une élite intellectuelle visant à reconstruire une identité nationale après la fin de la Révolution culturelle[87].

---

[87] La Révolution culturelle en Chine (1966-1976) s'est achevée suite à une succession d'événements majeurs en 1976 et a été officiellement close en 1977.

Le retour au confucianisme, promu dans les années 1990, implique l'ordre, l'obéissance aux supérieurs, la dévotion à l'État et la protection de la famille. « Il place les intérêts du groupe avant ceux de l'individu, et contribue ainsi à promouvoir l'harmonie et la stabilité [88] ».
Cette option confère toute l'autorité au pouvoir central pour lui permettre d'impulser une stratégie politique visant à contrôler les rapports avec les cultures étrangères, tout en cultivant l'identité nationale.

En définitive, les bases du succès de la Chine sont imputables à l'immense territoire qu'elle possède, lequel contient des domaines écologiques diversifiés, à la taille de son marché intérieur et, surtout, au développement d'un patriotisme économique exemplaire. Malgré les diverses influences, le peuple chinois a su conserver son âme.
La prégnance de la langue, de la religion et des systèmes de pensée, auxquels s'ajoutent l'art, l'artisanat, les sciences et la gastronomie, ont fait de la Chine une nation imposante qui suscite la curiosité des autres peuples.

Le culte de la maîtrise du corps et de l'esprit à travers la méditation et les arts martiaux sont des facteurs décisifs dans l'implantation d'une conscience collective singulière. Vulgarisé à travers le cinéma à l'international, ce modèle d'éducation, avec le canal des arts martiaux, a inspiré des pans de générations à travers le monde.

Ainsi, à la surface de la planète, les nations dites développées ont pris leur destin en main, selon des rythmes divers et avec des résultats plus ou moins contrôlés.

Évidemment, il pourrait y avoir une quatrième catégorie : celle des nations suffisamment égarées dans

---

[88] Werner Meissner, « Réflexions sur la quête d'une identité culturelle et nationale en Chine », *Perspectives Chinoises*, [en ligne], 97, septembre-décembre, consulté le 30 novembre 2023.

leur logique de progrès au point de naviguer à vue, sans aucune perspective claire.

Quand on sait qu'il ne peut plus exister de situation d'isolement absolu ou de neutralité à la surface de la planète, ces communautés sont soumises à des trajectoires imposées par la mondialisation par défaut.

Ainsi, la survie du projet économique national dépend de la bonne formulation d'une identité nationale. Cette identité active repose sur l'émotion, la fierté de représenter et surtout d'incarner un modèle social singulier. Bien négociée, elle cristallise les forces endogènes pour la réalisation de l'équilibre social et l'impulsion du développement.

Naturellement, l'homme, ayant un sens inné de la recherche du bien et de l'équilibre social, reste toujours attiré par ce qu'il pense être mieux que ce qu'il a, jusqu'à la concurrence des principes moraux instaurés à travers son éducation. L'idéal serait que l'on puisse rester soi-même, tout en s'enrichissant de l'interaction avec les autres, sans pour autant y perdre son âme.

Le moule social, par le biais de l'éducation, installe des savoirs, des compétences et du savoir-être afin d'aboutir à une existence harmonieuse.

La construction identitaire exige un calibrage rigoureux pour assurer sa vitalité et sa résilience face aux influences extérieures. Une redéfinition s'impose, pour concevoir un véritable programme de paramétrage social et culturel du peuple sénégalais. C'est l'unique voie pour asseoir les fondations de son développement économique, à l'ère d'une domination des superpuissances qui imposent leurs propres modèles sociétaux.

3.2 Les fondamentaux du Sénégal à l'épreuve de la modernité

L'évolution de la société contemporaine a débouché sur ce qu'on appelle le monde moderne. Dans son sens le plus commun, la modernité est aussi synonyme de développement. Elle s'est imposée à l'échelle planétaire comme un idéal socio-économique mouvant, sans cesse perfectible.

La doctrine capitaliste, qui inspire la marche actuelle de l'humanité, est par essence basée sur la concurrence et l'exploitation des uns par les autres. La mécanique s'enclenche d'abord à l'intérieur des nations, pour faire fonctionner une machine économique capable de tirer le meilleur parti dans les relations à l'international.

Enfin, tous les pays, sans exception, sont mis en compétition dans cette course effrénée au développement qui est imposée par le système-monde actuel.

Malheureusement, ce concept de développement, défini et élaboré par quelques protagonistes ayant pris une avance considérable sur les autres, évolue en intégrant progressivement les innovations que ces pays puissants y apportent.

Les communautés économiquement moins avancées sont fatalement confinées dans un suivisme et doivent continuellement modifier leurs orientations politiques pour survivre dans cet environnement cruel.

Au demeurant, les frontières des États englobent des groupes linguistiques qui incarnent des identités nationales, au-delà des diversités ethniques.

Quel que soit le projet de société, il repose toujours sur une base principielle. Qu'elle soit d'origine religieuse, humaniste ou simplement philosophique, la foi en quelque chose est une nécessité absolue pour l'être humain. Malgré les oppositions liées aux types de croyance, les valeurs restent universelles et se rejoignent dans la quête du bon, du meilleur, en résumé, du Bonheur. Selon les contextes, elles mettent en exergue le besoin de continuité historique, de liberté, d'indépendance, d'unité, de patriotisme, etc., tout dépend de la posture du peuple face à sa propre histoire en marche, à un instant précis du parcours.

La paix et la solidarité restent des conditions naturelles à la survie des communautés qui déploient des trésors d'ingéniosité pour atteindre leurs objectifs édictés par les valeurs en vigueur en leur sein. Dans ce panorama, les expressions culturelles, sacrées ou profanes, sont infusées des valeurs intrinsèques diffusées quasi quotidiennement, à l'échelle des populations dépositaires.

La place du rythme et des sonorités dans la vie de tous les jours et la fréquence des fêtes populaires ne sauraient être analysées juste sous leurs simples aspects festifs. Les chants et les autres expressions orales, déclamés au son d'instruments de musique, véhiculent d'ordinaire des éléments de la sagesse populaire. Il en est ainsi pour les chanteurs, animateurs de fêtes publiques, pour le lutteur, à travers son *bàkk,* et aussi pour la femme qui danse le *sabar*, à travers son *taasu*[89]. Les cultures populaires, l'art et l'artisanat d'art sont fortement imprégnés par la mentalité collective de la société génératrice.

Ils constituent une véritable mine d'or pour les artistes en quête de modèles d'inspiration pour des productions originales. Ici, l'avantage se trouve dans la double finalité qui consiste à créer son produit, tout en contribuant à la vulgarisation de l'identité locale.

En somme, l'architecture globale de l'institution culturelle voudrait que des principes fondamentaux, très souvent tirés de la religion, on passe aux valeurs puis aux expressions culturelles profanes. Le tout constitue la

---

[89] Le *taasu* est un exercice vocal savamment nourri de provocation et de virtuosité verbale

machine culturelle qui fait le patrimoine d'un peuple, un ensemble matérialisant la singularité de ce dernier. L'image générale, qui en dégage et qui différencie les groupes, est dénommée l'identité culturelle.

Selon la nature et les caractéristiques des éléments constitutifs de la Nation, ce résultat varie.

Dans le cas d'un certain niveau d'homogénéité des croyances religieuses des communautés fondatrices, le projet social est plus simple à dérouler. Il y a une maîtrise parfaite de l'évolution du groupe encadrée par le dogme religieux. Ce genre de formation est caractérisé par l'inertie sociale, avec souvent une répartition interne par castes ou par catégories socioprofessionnelles. Ce modèle social s'accorde parfaitement avec les traditions des communautés de l'espace sénégambien, lesquelles ont partagé, au fil des siècles, un socle culturel commun garant de leur équilibre.

Dans le cas où la diversité des croyances religieuses est de mise, les membres de la communauté formée se retrouvent au second niveau, celui des valeurs communes qui sont reprises dans les expressions culturelles, dans tous les cas.

Il y a une différence nette entre « tu ne voleras point ! » et « voler n'est pas bien ». Cependant, même si les deux renvoient aux valeurs, le premier viendrait des préceptes religieux pendant que le second se rapporte à la morale laïque.

Que ce soit dans un État démocratique ou théocratique ou même dictatorial, un progrès socio-économique équilibré et stable suppose toujours une nette prise en charge de l'identité nationale. Ainsi, le patrimoine culturel serait la première source d'inspiration, si on veut garder une certaine singularité.

Normalement, la production culturelle d'un peuple n'est jamais neutre ; elle reste toujours chargée de la manière dont ce dernier conçoit l'existence.

Le cas de ces jeunes États, composés de populations négroïdes, mérite une attention bien particulière. Le schéma stratigraphique du phénomène culturel (exposé à la page 145 de ce document) s'adapte parfaitement à la nature principale de ces cultures caractérisées par l'oralité.

Les croyances religieuses sont restées pendant longtemps omniprésentes dans la vie des communautés. La majorité de ces populations concevaient la vie comme une étape, un séjour dans un monde superposé à celui des esprits des anciens qui auraient un pouvoir réel sur leur quotidien. Le surnaturel est vu partout et expliquerait tous les phénomènes incompris. Selon elles, les sanctions et les récompenses se passeraient ici-bas : il n'y a pas d'idée d'enfer ou de paradis dans les croyances religieuses traditionnelles. Après la mort, les esprits veilleraient sur la communauté qui a l'obligation de les entretenir en retour[90]. La vulnérabilité des populations, face aux maladies et à une nature hostile, renforce l'importance de la croyance religieuse qui produit un effet éther sur les maux du quotidien.

L'ordre social, les rapports entre les classes d'âges, l'exploitation des ressources, les événements sociaux sont entourés de normes et de rituels donnant une part importante au divin. La ritualisation s'avère être un moyen efficace pour la retransmission du patrimoine culturel, dont la perpétuation est considérée comme une obligation religieuse cimentée par le dogme. Naturellement, l'équilibre atteint est le résultat d'une vision orientée par un passé qui propose un modèle d'existence accomplie

---

[90] L'idée de la présence des esprits protecteurs est bien ancrée dans la mentalité. Dans certains cas, ils peuvent également porter atteinte à l'intégrité physique ou morale de la personne.

qu'il faut perpétuer strictement. La menace de la sanction du surnaturel impose le culte des ancêtres, le respect des aînés, des devoirs face à sa communauté, la culture de la bravoure et de l'honneur, etc.

Ainsi, vous percevez sûrement mieux l'importance des expressions culturelles populaires profanes suscitées dans diverses occasions pour rappeler les valeurs qui doivent accompagner les membres de la communauté.

Les proverbes, les contes, les légendes et les chants sont chargés de la sagesse des peuples. Ils constituent des canaux, par excellence, de retransmission des valeurs cardinales de la société.

Il est évident que le recul des croyances traditionnelles, au profit des religions révélées telles que l'islam et le christianisme, a fortement impacté la vie des populations de l'Afrique du Sud du Sahara.

L'islam, principalement, a fait sauter le premier verrou de la singularité culturelle en imposant d'autres croyances et méthodes de socialisation des enfants. L'école coranique locale, tout en favorisant l'apprentissage des saints versets, met l'enfant dans des conditions d'existence qui développent son humilité.

Ainsi, mises à part les oppositions sur l'appréhension du divin et sur la suite réservée à la vie terrestre, l'éducation coranique, telle qu'elle se présentait dans la campagne sénégalaise, ne s'opposait pas aux conditions de vie traditionnelle, marquées par la simplicité.

D'ailleurs, dans des royaumes comme le Kajoor[91], les marabouts étaient souvent obligés de composer avec le

[91] Le royaume du Kajoor s'étendait entre le fleuve Sénégal au nord et le fleuve Saloum au sud, couvrant une partie des régions actuelles de Thiès, Louga et Dakar. À l'origine vassal de l'Empire du Jolof, le Kajoor a accédé à l'indépendance en 1549. Le royaume a résisté farouchement à la colonisation française au XIXe siècle.

pouvoir central qui comptait en retour sur leur bénédiction pour la stabilité politique du territoire.

Il n'y a jamais eu de prise en charge systématique officielle de l'enseignement coranique au Sénégal. Ces madrasas de type local, appelés *dahra*, sont laissés à eux-mêmes et doivent continuer à survivre dans un milieu de plus en plus urbanisé avec tous les désagréments notés sur les conditions de vie des enfants.

D'ailleurs, l'islam confrérique est une forme d'adaptation au contexte local. Les guides religieux ont créé des marques identitaires propres à leurs groupes, en professant le culte du travail, de la solidarité, en plus des recommandations divines classiques.

Les religions révélées ayant trouvé sur place des croyances solidement arrimées, naturellement, la manœuvre psychologique a voulu qu'elles complètent les faiblesses de l'univers spirituel indigène.

Ainsi, la survivance de certaines pratiques religieuses traditionnelles tient principalement du fait que, contrairement à l'animisme, les religions révélées ne semblent pas souvent proposer des pistes de solutions à effet immédiat. La profession d'une destinée divine et la promesse d'une ultime récompense, le paradis, ne sont assez apaisantes pour certains, qui doivent aussi recourir à la magie du monde des esprits via des féticheurs qui monnayent leurs prestations.

Les Sénégalais sont très versés dans ce syncrétisme religieux non assumé et très visible sur la scène publique.

En dénonçant l'acculturation et la perte de l'authenticité, nous occultons très souvent cette première œuvre de déstructuration de l'ordre social et de la dilution de la mentalité collective provoquées par l'arrivée de l'islam. Certes, les conséquences sont moins brutales et moins sensibles parce que non centralisées, contrairement aux méthodes utilisées par le colonisateur français pour l'assimilation des populations.

D'ailleurs, c'est sur cette nouvelle marque identitaire au pluriel, qui divise le Sénégal en zone islamisée (la Vallée du fleuve), en zone plus ou moins syncrétique (le Centre-ouest) et en zone des religions traditionnelles authentiques (le Sud), que le projet colonial est venu s'installer, pour ouvrir définitivement le Sénégal sur une nouvelle ère.

Les rivalités économiques, par la force des choses, ont pris une autre forme avec les innovations dans le domaine des technologies de l'information et de la communication, qui accélèrent le phénomène de l'assimilation culturelle à la surface de la Terre.

Les modes de vie en vigueur à l'intérieur des États dits puissants sont repris dans les productions de leurs secteurs des industries culturelles et créatives, qui alimentent les flux d'informations diffusées à travers différents canaux, vers des pays souffrant de carences structurelles dans la gestion de leurs systèmes éducatifs.

Le Sénégal d'aujourd'hui, à l'image de la majorité des États africains, n'échappe pas à cette intrusion culturelle qui formate les mentalités des populations.

Le choc est d'autant plus dur que nos États n'ont pas encore mis en place des systèmes d'encadrement, de censure et de normalisation de la vie dans l'espace public, à l'image des pays modernes. Il n'y a aucun mécanisme sérieux visant la promotion d'un élan patriotique qui place les intérêts supérieurs de la nation au-dessus de toute autre considération.

L'amorce du développement du Sénégal devrait être, en soi, une vraie révolution tant du point de vue de l'approche que des méthodes utilisées. Il exige au préalable l'identification de notre place face au continuum évolutif du peuple sénégalais, mais également un diagnostic de notre situation dans l'écosystème politico-économique mondial.

La conscience de sa condition humaine est la principale marque de l'homme. L'humanité, à quelque dimension où l'on se trouve, est le résultat d'une évolution qui explique la situation actuelle qui se structure pour prendre en charge l'avenir.

L'État moderne fait table rase des considérations parcellaires et partitionnistes de la société traditionnelle qui donnent des privilèges innés à une partie du peuple. La culture de la démocratie promeut la citoyenneté comme le domaine de définition par excellence du prototype humanoïde universel qui doit officiellement porter la destinée de sa nation.

Naturellement, ce citoyen doit être doté de connaissances, de compétences et surtout de qualités morales suffisamment fortes pour lui dicter une attitude irréprochable en tout lieu. Ce savoir-être a pour vocation de structurer le savoir scientifique et d'orienter le savoir-faire vers l'atteinte de l'idéal sociétal visé.

Un être humain doté de connaissances théoriques et de compétences manuelles, sans une éducation de qualité, devient un danger public ambulant. L'éducation, au sens de socialisation, s'appuie sur des référentiels communs pour préparer l'enfant à l'intégration des codes consensuels qui régissent sa société. L'efficacité d'un système éducatif se mesure à sa capacité à procurer à sa cible les aptitudes indispensables pour affronter les défis qui se présenteront devant lui. Il serait souhaitable que les contenus des enseignements soient complétés par l'action des parents au sein des familles afin de faciliter à l'enfant le passage de cette importante étape.

Logiquement, c'est sur ces prérequis que la formation professionnelle se greffe pour donner aux jeunes les compétences nécessaires à l'exercice d'un métier. La qualification est cotée en fonction de la valeur du rendement ou de la pertinence de son apport officiel au fonctionnement de la société.

Une vision de cette société clairement définie débouche sur un programme d'éducation et de formation performant, dans le but de produire des ressources humaines de qualité suffisante.

Les lois, les règlements, les programmes de sensibilisation, les productions intellectuelles, la création artistique et les codes sociétaux encadrent le citoyen, entretenant ainsi les convictions installées tout au long de son parcours de socialisation.

D'ailleurs, le rôle principal joué par la discipline historique n'est-il pas de rappeler à l'humanité ses succès et ses échecs en vue de l'inspirer dans sa marche vers le futur ?

À l'échelle de la planète, les États aspirent à un haut niveau de vie, atteint par le plus grand nombre de leurs habitants. L'indice de développement humain (IDH) est l'instrument officiel proposé par le système des Nations Unies pour mesurer le niveau de l'impact du progrès économique sur les populations et pour classer les États. L'IDH prend en compte trois éléments :

- L'espérance de vie à la naissance : elle est significative des conditions de vie des individus qui se lisent dans l'alimentation, le logement, l'accès à l'eau potable et à la médecine, etc. ;
- Le niveau d'éducation : il détermine l'autonomie tant professionnelle que sociale de l'individu ;
- Le revenu national brut par habitant est révélateur du niveau de vie des individus et donc de leur accès à la culture, aux biens et services, aux transports…

L'accès à ces aspects de la vie nécessite une bonne assise scientifique et technique, des infrastructures publiques de qualité et un climat des affaires favorables.

Rostow (1960) découpe le processus qui mène au développement économique en cinq phases successives : la société traditionnelle, les conditions préalables au démarrage, le démarrage, le progrès vers la maturité et l'ère de la consommation de masse.

Ceci signifie qu'il est indispensable qu'une révolution se fasse dans le secteur primaire, à un moment de l'histoire, pour stimuler la transformation qui confère de la plus-value aux produits de base. Les ressources générées progressivement devraient être démultipliées à travers leur réinjection continue dans le système afin de provoquer l'essor économique et social. La machine économique s'autoalimentant, encadrée par des lois et règlements, finit par atteindre une vitesse confortable pour aboutir à l'effet escompté. Ce processus semble être le schéma le plus universel.

Cependant, il existe des cas atypiques qui se sont appuyés sur des ressources naturelles exceptionnelles à profusion pour brûler ces étapes classiques[92].

Ce qui est constant et non moins important, c'est le profil psychologique des individus qui peuplent la nation qui aspire au développement.

L'état d'esprit des citoyens est le socle sur lequel le Projet s'insère harmonieusement pour produire les résultats attendus. Dès lors, le développement reste d'abord une question d'ordre maintenu et de comportements bien encadrés par l'éducation qui inclut indéniablement la dimension culturelle, qui est elle-même un imbroglio de concepts avec des ramifications multiples[93].

---

[92] Walt Whitman Rostow, *Les étapes de la croissance économique : un manifeste non communiste*, 3e édition, Economica, 305 p.

[93] Selon Rudolph Steiner (1861-1925), l'éducation formelle doit inclure « une dimension culturelle, c'est-à-dire à la fois esthétique, morale et enfin religieuse ».

Quand il s'agit de parler de culture, de prime abord, la majorité des gens pense en savoir assez pour en être des spécialistes.

> *Le bon sens est la chose du monde la mieux partagée : car chacun pense en être si bien pourvu, que ceux même qui sont les plus difficiles à contenter en toute autre chose, n'ont point coutume d'en désirer davantage qu'ils en ont*[94].

Par essence un animal culturel, l'homme se sent suffisamment imprégné de Culture pour en faire une science acquise. D'ailleurs, c'est ce qui pourrait expliquer aussi le retard observé dans l'approche épistémologique de l'objet culturel, en rapport avec le progrès économique. Les savants se sont d'abord mis à s'interroger sur les différences culturelles, juste pour qualifier le niveau d'humanité de certains peuples dits primitifs[95]. Par la suite, il s'est agi de l'étude des cultures des minorités ou des phénomènes culturels en vogue portés par la jeunesse urbaine, friande de nouveautés.

Aujourd'hui, les spécialistes sont presque tous focus sur les aspects liés à la sauvegarde et à la valorisation, sûrement influencés par les orientations de l'Unesco, l'organisme mondial chargé des questions culturelles.

Cette approche est assimilable schématiquement à une intervention verticale. La recherche se porte directement

---

[94] René Descartes (1637), *Discours de la méthode pour bien conduire sa raison, et chercher la vérité dans les sciences,* 1re partie.

[95] Nous sommes dans le contexte du début de l'expansion coloniale où la curiosité des publics par rapport aux vies des « sauvages » a suscité une frénésie dans le milieu scientifique. Des anthropologues tels que E. Durkheim (1858-1917), Herbert Spencer (1820-1903), Friedrich Max Müller (1823-1900), E. B. Tylor (1832-1917), L. Lévy-Bruhl (1857-1939), etc., ont également essayé de disséquer les fondements des « peuples primitifs ». Le terme sauvage est utilisé pour qualifier les peuples à peine sortis de l'esclave qu'il fallait civiliser.

sur l'objet sans pour autant pousser le diagnostic jusqu'aux fondamentaux et les rapports entre les différentes strates de la culture[96].

Il serait important de s'intéresser aux rapports de causalité entre les différents paliers de la culture et les logiques d'ensemble, pour une modélisation des parcours des pays développés.

La nation est une réalité suprasensible incarnée par une communauté d'hommes et de femmes, mue par une envie commune de vivre ensemble. Elle porte les marques des moments forts des peuples, qui la constituent, et aussi les faiblesses et les qualités de ces derniers. Alors, envisager le futur d'une société, c'est aussi prendre en charge son éducation pour produire un modèle de citoyen en mesure d'atteindre les objectifs fixés.

Au final, un projet économique cohérent est accompagné d'un capital humain qui s'identifie à une culture propre. Quelles que soient les origines des éléments constitutifs, il faudrait que le peuple concerné ressente de la fierté et nourrisse un sentiment d'appartenance fort.

Au regard de la situation actuelle, seul l'État central est capable de prendre en charge la stratégie globale visant à instaurer une mentalité collective suffisamment armée, pour impulser le développement.

---

[96] L'historiographie constituée remonte la trajectoire des entités politiques dirigées par la noblesse, en négligeant complètement les données économiques, religieuses et les hauts faits de civilisation et des forces profondes qui animent les sociétés.

3.3 Pour une révolution culturelle au Sénégal

La survie des sociétés de tradition orale repose sur une interconnexion cohérente des éléments qui structurent les différents aspects de l'existence, organisés de manière hiérarchique. Changer un peuple, c'est travailler systématiquement, dans la mesure du possible, sur ce qui constitue le plus profond de son être.

S'agissant du Sénégal, il convient de souligner que la situation de sa société n'est pas pour autant alarmante. Les survivances des traditions sont encore suffisantes et assez expressives pour servir d'éléments de base au projet d'émergence d'une société prospère.

La proximité historique avec les traces de ce Sénégal authentique, fait que la mentalité collective est encore suffisamment vivace, pour être réceptive à l'exaltation de certaines valeurs puisées du fonds culturel commun.

Dans le traitement de l'information culturelle, reviennent souvent des terminologies telles que : authenticité, originalité et surtout héritage ancestral. Ces expressions sont à considérer dans leur véritable contexte où la nature intrinsèque de l'élément concerné joue sur la définition des concepts.

Le legs du *pater* ne se présente pas sous la forme d'un ballot tout préparé par les aïeux qu'il faudrait recevoir, garder et transmettre aux générations futures à son tour. Les dépositaires se reconnaissent plus dans la singularité et la paternité des marques distinctives, par rapport aux autres groupes. Dans le sens global, les patrimoines culturels renforcent le sentiment d'appartenance à une unité sociale.

Il est évident que tout au long de ce travail de réflexion, l'accent a été mis sur le caractère entrecroisé des éléments qui déterminent les modes de vie des communautés, dans une logique d'organisation interne, avec des interactions et des effets de causalité.

Le patrimoine culturel immatériel est entretenu par « les communautés et groupes en fonction de leur milieu, de leur interaction avec la nature et de leur histoire et leur procure un sentiment d'identité et de continuité, contribuant ainsi à promouvoir le respect de la diversité culturelle et la créativité humaine[97] ».

Les éléments de l'écosystème local, l'héritage ancestral et les modes de vie forment une unité cohérente, dans laquelle les populations composent des recettes dans le but de conserver leur équilibre.

Cet instinct naturel de rééquilibrage face aux chocs et aux nouveaux défis, qu'il soit d'origine interne ou externe, est le moteur du patrimoine culturel immatériel.

Ainsi, le temps passe, le patrimoine évolue en fonction des nouvelles productions matérielles et intellectuelles enregistrées.

Rappelons que, pour le cas de notre tentative de formulation des pistes visant à inspirer la révolution culturelle locale, le patrimoine culturel immatériel est évoqué principalement pour la simple raison de la prégnance de l'oralité.

L'Unesco, principale institution internationale en charge de ces questions, le définit par :

> *Les pratiques, représentations, expressions, connaissances et savoir-faire - ainsi que les instruments, objets, artefacts et espaces culturels qui leur sont associés - que les communautés, les groupes et, le cas échéant, les individus*

---

[97] Unesco, Convention pour la sauvegarde du patrimoine culturel immatériel, Article 2, consulté en ligne le 13.12.2023 sur : https://ich.unesco.org/fr/convention

reconnaissent comme faisant partie de leur patrimoine culturel[98].

La portée de la convention sur le patrimoine culturel immatériel de 2003 de l'Unesco réside dans la définition des concepts et surtout dans la caractérisation des contenus du patrimoine culturel immatériel. Elle fixe le cadre normatif et épistémologique du traitement du sujet au niveau universitaire, mais également aux vues de la gestion continue de l'objet culturel immatériel.

Il faudrait d'emblée expliquer au profane que l'immatérialité ne fait pas davantage allusion à l'aspect intangible, qu'aux sens et symboles que portent les productions matérielles et immatérielles assignées à une fonction donnée.

Par exemple, le tam-tam, instrument de musique, fait de bois sculpté, de peau de bête et de cordages ou lanières de cuir, relève du patrimoine culturel immatériel à cause de la destination qu'on en fait dans la production de musique.

Cette subtilité dans la définition des concepts témoigne de la complexité du secteur de la culture. C'est parce que l'humanité s'en est suffisamment imprégnée que souvent les décideurs peinent à réaliser leur ignorance des processus et des leviers sur lesquels il faut jouer, afin de gérer un secteur capital pour le projet social et économique national.

En ce qui concerne les domaines qui le composent, le texte de la convention procède par tiroirs de rangement du patrimoine culturel immatériel :

- Connaissances et pratiques concernant la nature et l'univers ;
- Pratiques sociales, rituels et événements festifs ;
- Traditions et expressions orales, y compris la langue comme vecteur du patrimoine culturel immatériel ;
- Savoir-faire liés à l'artisanat traditionnel ;
- Arts du spectacle.

---

[98] Unesco, *ibid.*

Le premier point nous renvoie aux principes fondamentaux qui répondent aux questions de l'ordre de l'existentiel et du divin. L'idée de la divinité dans les religions traditionnelles rejoint parfaitement celle des religions révélées qui gardent les mêmes propriétés.

Les *Djinns,* énoncés dans les livres saints, ont enrichi les croyances ancestrales à cause des similitudes qu'ils dégagent avec les esprits des ancêtres, qui sont omniprésents dans le quotidien des autochtones.

Le socle spirituel recréé est dominé par les marques de l'islam qui concerne plus de 90 % des populations. Il s'agit d'un islam confrérique, véhiculant des symboles et des expressions distinctives, qui évolue en parfaite cohésion avec les structures sociales traditionnelles, à travers leurs rites et coutumes qui s'entrelacent.

Même s'il est noté une poussée extrémiste et puritaine durant ces dernières années en Afrique de l'Ouest, il sera très difficile de faire bouger ce solide socle.

Peut-être, faudrait-il garder toujours en tête l'ordre de disposition des paliers du patrimoine, afin de respecter l'ingénierie de la machine et les processus de sauvegarde conformément à l'arbre de vie de la culture.

Rigoureusement, l'organisation pyramidale répartit les éléments du patrimoine entre principes fondateurs, valeurs et expressions culturelles tels qu'énoncés dans les chapitres précédents.

En résumé, les pratiques sociales et événements festifs sont cimentés par le phénomène de la ritualisation. Les religions traditionnelles installent la communauté dans une logique transcendantale de l'existence terrestre pour orienter la vie vers l'accomplissement d'un destin qui débouche sur le monde de l'au-delà.

La gestion du pouvoir administratif et coutumier, l'organisation sociale, les événements sociaux, les circuits de socialisation et l'exploitation des produits naturels, se situent à ce second niveau du patrimoine culturel immatériel. Cette partie sert de cadre d'expression et d'application des croyances et des connaissances théoriques, dont la mise en œuvre s'effectue au moyen de la ritualisation et de la règle de la sanction.

Le troisième et dernier tiroir renvoie aux traditions et expressions profanes et aux productions artistiques et artisanales. Il s'inspire du second palier d'où il puise des vérités et des recommandations capitales, qui sont diluées dans les pratiques et les arts festifs afin de constituer des pilules de rappel, assez digestes, des fondamentaux qui garantissaient la stabilité sociale.

Le schéma ainsi décrit peut contenir l'ensemble de l'arborescence des éléments du patrimoine qui fixe l'identité d'une communauté.

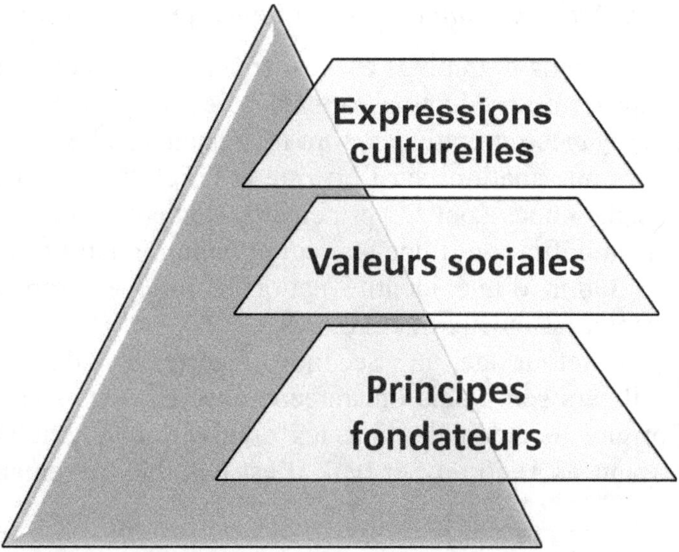

Figure 1 : Pyramide du PCI, des fondations abstraites aux expressions culturelles

Suivre strictement le chemin de la vie tracé par les ancêtres a été le principal objectif des groupes linguistiques. D'ailleurs, la chanson populaire la plus significative de cette option est d'origine mandingue. Ce peuple dépositaire par excellence du *Kankourang*[99], rite initiatique inscrit sur la liste représentative du patrimoine de l'Unesco en 2008, s'attache à évoquer, telle une devise, leur volonté de suivre les traces de leurs aïeux.

Silo wo Kandéma, Silo wo
Silo wo Kandéma sila
Alfa lé silo mon folo
Mbo wolo kangsilaba koto

Chemin vient moi en aide, Ô chemin
Ô chemin, aide-moi, à présent.
Le chemin tracé par les ancêtres
C'est ce chemin que nous sommes en train de suivre.

Les fonds d'archives écrites, sonores et audiovisuelles, composés de productions orientées vers les modes de vie, les croyances et pratiques, sont foisonnants au Sénégal.

Les informations sur l'histoire et les cultures africaines subsahariennes sont les principaux éléments à considérer dans la définition d'une stratégie révolutionnaire visant la restauration d'une identité nationale forte et préparée à affronter les enjeux internationaux[100].

Au retour de la Seconde Guerre mondiale, des Tirailleurs sénégalais ont ramené avec eux des souvenirs d'origine occidentale. Sur les archives iconographiques des années 1950 au Sénégal, il est possible de remarquer

[99] Le *Kankourang* est un rite initiatique mandingue emblématique, pratiqué principalement en Sénégambie (Sénégal, Gambie et Guinée-Bissau). Il s'agit d'un patrimoine culturel immatériel reconnu par l'UNESCO depuis 2005.

[100] Pour rejoindre la théorie de « l'enracinement puis l'ouverture » si chère à Léopold Sédar Senghor.

le casque colonial et le béret basque (ou d'autres bérets militaires), côtoyant les couvre-chefs traditionnels africains et d'autres chapeaux et casquettes d'influence occidentale.

Les instruments et rythmes de musique afro-latino-américaine sont arrivés en Afrique de l'Ouest, notamment grâce aux disques et à la radio, favorisant un rapprochement avec les communautés noires outre-Atlantique. L'influence de ces musiques, mêlée aux rythmes traditionnels sénégalais comme le *sabar*, a contribué à la création et au développement, dans les années 1970, d'un style musical à succès, le *mbalax*, qui est aujourd'hui mondialement connu.

Dès lors que le flot de l'influence culturelle est maîtrisé, généralement le peuple peut développer la résilience nécessaire afin de réajuster et faire des recompositions dans le sens de ses propres intérêts.

Les nouvelles acquisitions culturelles entrent alors progressivement dans une fonction économique, artistique, scientifique, esthétique ou éthique ; c'est selon l'essence de l'élément et les référentiels de la communauté d'accueil.

Malheureusement, les décennies précédentes ont vu l'accélération des innovations dans le secteur des technologies de l'information et de la communication, cheval de Troie de la mondialisation.

Le modèle social proposé ne laisse aucune chance au patrimoine culturel immatériel local, dont les canaux de retransmission et les leviers de conservation sont affaiblis.

Nos États peinent à recentrer leurs stratégies politiques globales visant à renverser cette tendance défavorable.

Si nous n'y prenons pas garde, la quantité de projets de transformation infrastructurelle de grande envergure en cours, les projections en termes de croissance liée à l'exploitation des produits gaziers et pétroliers, auront pour effet immédiat de mettre définitivement à genoux les communautés traditionnelles, qui ont le mérite de conserver leurs âmes jusqu'ici.

Le programme de modernisation tous azimuts annoncé doit forcément intégrer le facteur culturel et patrimonial comme l'épine dorsale à partir duquel tout s'emboîte.

Quoiqu'invraisemblable, l'urgence serait d'abord de commencer par assainir l'environnement dans lequel évoluent les populations qui sont concentrées dans les centres urbains, en majorité.

La question de l'ordre et de la propreté des rues est d'une importance psychologique capitale dans la prise en main de la vie des citoyens. Elle débouche naturellement sur les équipements et les infrastructures publics, qui améliorent la vie des populations et créent des opportunités d'affaires.

Le défi majeur consiste à provoquer l'appropriation symbolique de l'espace public par les populations locales, qui doivent y projeter leur idéal de vie.

Dans l'aménagement urbain, la recherche d'harmonie et les choix de conception doivent privilégier la singularité ainsi que les caractéristiques naturelles et patrimoniales locales.

La ville ne peut se réduire à un assemblage d'infrastructures modernes répondant à des besoins isolés ; elle doit être le fruit d'une organisation spatiale réfléchie, dictée par les réalités socioculturelles.

L'attachement à la patrie commence d'abord par l'amour du terroir auquel l'individu est lié par les facteurs d'origine, par l'évolution historique et surtout par le sentiment naturel d'appartenance.

Le rôle des pouvoirs publics consiste d'abord à asseoir les bases humaines du développement et à cristalliser l'opinion autour des défis de leur milieu de vie.

L'incarnation impersonnelle de l'État se fait à travers ses symboles pour l'adhésion de l'ensemble des citoyens aux projets de développement.

Ainsi, le drapeau, la devise, le sceau, l'hymne national, les institutions de la république doivent bénéficier d'une campagne de réappropriation par les citoyens qui sont caractérisés par leur diversité culturelle.

L'application rigoureuse des lois et règlements relatifs à l'utilisation de l'espace public permet la fixation des réflexes citoyens et la pérennisation des acquis.

L'espace public peut parfaitement jouer la fonction mémorielle et le rôle de témoin du génie du peuple. Il faudrait créer un modèle de ville qui ressemble à un véritable livre ouvert, à travers lequel le citoyen est appelé à assimiler son histoire et sa culture.

Les bâtiments administratifs, les carrefours des boulevards, les jardins et squares, le mobilier urbain, etc., peuvent être investis par des œuvres artistiques, des marques identitaires et des réalisations mémorielles propres aux communautés locales.

Cependant, la question de l'habitus[101] culturel peut ressurgir pour bloquer la sensibilité et la perception des éléments exposés.

---

[101] Dans *Esquisse d'une théorie de la pratique* (1972), Pierre Bourdieu définit l'*habitus* comme étant « une loi immanente, déposée en chaque agent par la prime éducation ». Il fonde l'analyse de « la structure sociale » sur les notions de « champs » et de « capital ». Qu'il soit religieux, politique, médical ou encore artistique, le « champ » est un « microcosme social » dans lequel les participants occupent des positions différentes et hiérarchisées en fonction de leur dotation en « capital ». Les différents capitaux dont disposent les individus sont plus ou moins valorisés dans un champ. Dans une démarche à la fois structuraliste et constructiviste, Pierre Bourdieu appréhende les comportements humains comme la conséquence d'une structure intériorisée qui se traduit par une action non réfléchie des participants mais qui conforte, inconsciemment, les positions de chacun dans l'espace social.

Il faudrait inclure dans l'éducation des enfants cette préoccupation pour leur permettre de constituer un capital intellectuel et artistique les prédisposant à la réception de leur propre patrimoine culturel. L'intérêt, la compréhension et les liens que nous pouvons entretenir avec le patrimoine dépendraient de notre niveau de culture générale et des codes de lecture assimilés. L'outillage du citoyen récepteur revient aux structures à but pédagogique, telles que les écoles et les musées, qui ont le devoir de travailler désormais sur la base d'une documentation bien structurée et des outils didactiques prenant en charge les finalités visées au plan national pour l'émergence économique.

De nos jours, les acteurs de l'éducation dénoncent les contenus des enseignements liés aux sciences humaines et sociales.

En effet, dans son cursus scolaire, l'enfant ne découvre principalement son histoire proche que sous le prisme des rapports malheureux avec l'Occident. L'angle sous lequel sont traités les épisodes de la traite négrière, les grands conflits mondiaux, les hauts faits de civilisation dans le monde, démontre principalement la supériorité civilisationnelle de l'Europe.

Il n'est pas nécessaire de gaver l'apprenant d'informations historiques et culturelles. Respecter strictement la chronologie des événements pour se conformer aux exigences des programmes scolaires, d'ailleurs rarement achevés en fin d'année, n'est pas une priorité.

Les faits relatés doivent être sélectionnés pour asseoir les réflexes, les comportements et surtout les compétences nécessaires afin de lever certains obstacles et de satisfaire les besoins identifiés.

Par ailleurs, dans les programmes scolaires, les plus jeunes n'ont pas encore la possibilité de découvrir les récits captivants des traditionalistes, souvent empreints de croyances et de considérations ésotériques lorsqu'ils évoquent les hauts faits de nos figures historiques.

Malheureusement, la rigueur des disciplines scientifiques enseignées impose une posture rationaliste, qui aseptise les faits racontés, en occultant délibérément les aspects surnaturels.

Pendant ce temps, la discipline historique eurocentrée, enseignée dans les salles de classe, bénéficie de traces matérielles, de sites et édifices qui jouent le rôle de mémoire coloniale. Ces supports pédagogiques sont d'une importance pratique dans le conditionnement de la pensée chez les adolescents. C'est le cas des îles de Gorée et de Saint-Louis qui sont des hauts lieux, témoins de l'esclavage et de la colonisation.

En effet, la civilisation occidentale suinte assez fort des composantes architecturales et culturelles de ces sites pour exercer de la fascination sur les visiteurs autochtones qui n'ont rien en retour pour compenser la projection spontanée sur les productions de leurs communautés d'origine.

La prise en charge réelle de l'enseignement systématique du patrimoine culturel commence par la formation des enseignants qui doivent être familiarisés aux textes des conventions internationales de l'UNESCO et les applications possibles du patrimoine culturel dans la formation du citoyen.

Quant aux expositions muséales, les contenus et les modèles copiés de l'Occident sont toujours d'actualité. Le maillage du territoire national est encore trop faible en termes d'édifice muséal, ce qui en fait un bien de consommation peu accessible pour les publics scolaires en général.

En outre, le musée dans son expression classique n'attire pas trop les Sénégalais, qui doivent y redécouvrir souvent les éléments de leurs cultures dans des décors figés.

Peut-être serait-il souhaitable de changer la muséographie en l'adaptant aux supports numériques et surtout en la rapprochant des différentes cibles avec des productions spécifiques[102].

Les agendas culturels locaux, ponctués de célébrations populaires et d'événements festifs, doivent être promus par l'autorité centrale afin d'accompagner les concernés dans leurs élans de perpétuation de leurs traditions. Le soutien de l'État est d'autant plus indispensable que le contexte urbain rend encore plus compliquée la réalisation de certaines activités qui se faisaient traditionnellement dans la campagne.

Certaines manifestations comportent des secrets protégés, avec des niveaux d'accès réservés. Selon les contextes, elles peuvent bénéficier de stratégies de médiation pour une meilleure compréhension et une appropriation adéquate.

Prenons l'exemple du Kankourang à Mbour : il est urgent d'y construire un centre d'interprétation du patrimoine culturel mandingue. Le contexte socio-économique de la Petite-Côte est favorable à ce genre d'initiative à cause de ses nombreuses opportunités.

Ce groupe ethnolinguistique, qui s'est installé dans la ville, a fait preuve d'une grande adaptabilité pour s'intégrer à l'environnement urbain et résister à l'épreuve du temps. Il a préservé les dimensions symboliques et identitaires de son patrimoine culturel pour éviter d'être

[102] En 1991, lors d'une rencontre initiée par le Comité international des musées (ICOM), Alpha Oumar Konaré, en sa qualité de président de l'association des professionnels des musées et du patrimoine africain, a remis en cause l'utilité de l'institution muséale pour l'Afrique dans son discours d'ouverture. Les actes ont été publiés sous le titre : *Quels musées pour l'Afrique ? Patrimoine en devenir*.

assimilé par les autres groupes. Le résultat est une appropriation de la culture mandingue par toute la ville, qui se reconnaît à travers le Kankourang.

Sa trajectoire historique représente un cas d'école à présenter aux étudiants et praticiens du patrimoine culturel immatériel africain.

Les expressions artistiques et folkloriques, ainsi que les créations artisanales, inspirées des modes de vie, restent suffisamment vivaces pour transmettre des messages puissants à l'humanité.

Ce bagage patrimonial s'avère être la première source d'inspiration de la créativité artistique pour tout peuple soucieux de conserver son authenticité.

Le Sénégal exerce réellement son influence culturelle à l'international et bénéficie d'une notoriété planétaire, aidé en cela par les œuvres et les performances de ses artistes.

Seulement, sur la balance, les avantages économiques des influences culturelles sont très faibles par rapport aux pertes enregistrées.

Cette situation s'explique par une préférence des populations pour les produits d'origine étrangère, ce qui entraîne une perte considérable de devises.

L'explication est à trouver dans les flux culturels utilisant les canaux de diffusion modernes de l'information.

Le complexe d'infériorité installé depuis la période coloniale est un socle psychologique favorable à la consommation des nouvelles tendances venues d'outre-mer.

L'irruption de la radio et de la télévision dans les ménages constitue un tournant décisif dans la vie des Sénégalais. En se substituant aux vecteurs traditionnels de transmission de la sagesse populaire, les médias proposent d'autres alternatives aux populations. La puissance de l'image et du son téléporte dans la tête du Sénégalais des modes de vie, des types de produits culturels, des denrées de consommation alimentaire et des distractions, par le biais de la publicité ou encore à travers les films, la musique, les documentaires et les émissions thématiques.

Le résultat immédiat est psychologique ; il s'exprime par un mimétisme inconscient qui modifie les comportements et les envies de consommations calqués sur ces modèles.

La France, afin d'éviter l'asphyxie de sa production audiovisuelle par l'industrie cinématographique américaine, a créé des dispositifs de soutien originaux qui ont permis de préserver le secteur. D'ailleurs, Edgar Morin a fortement défendu le protectionnisme culturel[103].

Ainsi, les flux culturels des grandes puissances économiques bénéficient de technologies et d'organisation, et s'appuient sur de puissantes sociétés multinationales. Ils inondent les populations des pays en voie de développement au point d'impacter profondément les comportements, les goûts et les envies.

Pour rappel, la France a son propre cinéma, à l'instar de l'Amérique avec Hollywood et de l'Inde avec Bollywood.

Les Sénégalais ont mieux découvert les civilisations japonaises et chinoises et celle de l'Arabie à travers le cinéma et surtout le petit écran dans les années 1990. Les téléfilms hebdomadaires institutionnalisés par la chaîne de télévision nationale ont stimulé le développement des clubs d'arts martiaux et des troupes de danse hindoue.

Aujourd'hui, la densification du paysage médiatique national et international donne un accès illimité à tous types d'informations. Les foules de données, qui inondent le quotidien des Sénégalais, ne sont plus maîtrisables du

---

103 « Vitalité de la diversité culturelle et mondialisation », Entretien avec Edgar Morin, propos recueillis par Jean-Pierre Saez, dans L'Observatoire 2008/1 (N° 33), pp.3-8.

point de vue des mesures restrictives, telles qu'exercées par la Chine.

Malheureusement, les médias entretiennent périodiquement les poussées de violence publique qui font leur lot de dégâts et d'impacts négatifs sur l'économie nationale.

La réaction la plus pragmatique serait une utilisation de ces mêmes supports modernes de l'information et de la communication pour véhiculer des productions culturelles d'inspiration locale.

En définitive, la révolution culturelle consisterait à faire redécouvrir aux Sénégalais la beauté de leur patrimoine culturel immatériel à travers l'exaltation des productions matérielles et intellectuelles exceptionnelles ayant une importance capitale dans la constitution de l'identité nationale. Le préalable à asseoir est d'élargir les mesures à l'environnement, au cadre de vie et à l'ensemble des aspects de l'existence de l'être humain, nécessitant un modelage pour une parfaite maîtrise du prototype de citoyen. Évidemment, ce projet doit être accompagné d'un dispositif coercitif d'encadrement et de contrôle.

La nature de l'intrusion des cultures étrangères et les différents canaux qu'elles empruntent font qu'il n'est véritablement possible d'installer des boucliers que dans l'esprit des citoyens. La haute conscience du devoir national de résister et de penser au rôle à jouer au niveau individuel développe naturellement une forme de patriotisme économique. La culture d'une préférence citoyenne des produits locaux serait une belle alternative au phénomène d'invasion des articles importés.

CONCLUSION

Le cours de l'histoire des peuples de la Sénégambie est riche en enseignements à propos des paramètres à prendre en compte et des mécanismes qui entrent en jeu dans le contact entre des civilisations différentes.

Cette partie de l'Afrique, exposée au reste du monde par sa situation géographique, a été le réceptacle de diverses influences extérieures. Les visées expansionnistes européennes ont été plus ou moins fatales aux cadres communautaires traditionnels.

Il va sans dire que l'ouverture au monde est source d'enrichissement et de progrès, au sens d'apports positifs dans des domaines aussi variés que la santé et les infrastructures de base.

Cependant, le modèle de développement actuel a profondément perturbé les relations entre les différentes régions du monde.

La globalisation, favorisée par les avancées technologiques, a souligné l'urgence de s'occuper de l'avenir des jeunes États d'Afrique subsaharienne. La difficulté majeure est de devoir négocier une croissance économique durable et soutenue, tout en tirant une meilleure partie de leurs relations internationales.

L'ordre économique mondial s'est transformé en un système où les grandes puissances imposent des normes de consommation reflétant leurs valeurs sociétales.

Cette situation actuelle est le résultat de la maturation d'un système qui a mis plus de cinq siècles pour s'installer. Malgré les nuances et le semblant changement de paradigmes, le principe de pôles économiques centraux tirant le meilleur parti de leurs relations avec le reste du monde demeure intact.

Les méthodes et les formes évoluent, mais le principe de l'exploitation des nations les plus faibles par les plus fortes subsiste. Telle est, semble-t-il, la loi naturelle qui régit les rapports entre les espèces.

Face à cette situation, Michel Griffon (2008 : 4-8) alerte des dangers de la libéralisation des marchés et du modèle technique de rendements croissants. La puissante machine économique est positionnée de telle sorte qu'il sera difficile de faire bouger ses logiques d'exploitation qui se sont agrippées à nos communautés.

La seule façon d'inverser cette tendance est de démanteler les stéréotypes qui soutiennent ce complexe culturel observé chez les Sénégalais face aux produits locaux en concurrence avec les entreprises étrangères.

En utilisant un produit agricole comme le mil pour orienter notre exposé, le but visé est d'aller au-delà de son rôle d'apport nutritif dans l'alimentation des paysans.

Nous avons voulu explorer toute la structure sociale qui s'est organisée autour de son exploitation et de sa consommation. Le mil a permis de revisiter les principes de base, les valeurs et les expressions qui constituent l'essence des communautés traditionnelles de la Sénégambie du nord.

Cette céréale, associée au lait, a constitué le principal aliment de base des populations pendant longtemps. L'évolution de la gastronomie locale s'est faite également au gré des apports extérieurs et de la transformation infrastructurelle du territoire national par les projets d'aménagement. La richesse de la palette des plats gastronomiques à base de mil témoigne d'une volonté d'adaptation manifeste aux changements.

Malheureusement, au fur et à mesure que les effets pervers de la mondialisation se font sentir, les habitudes alimentaires traditionnelles sont délaissées au profit de produits importés.

Le manque à gagner est immense quand on estime la quantité de devises perdues pour acheter du blé et du riz et la déchéance des corps de métiers artisanaux tels que la sculpture, la céramique, le forgeage qui accompagnaient la production, la transformation et la consommation du mil. Ces catégories socioprofessionnelles sont obligées de réorienter leurs productions, ou tout bonnement d'abandonner leurs savoir-faire hérités de leurs ancêtres.

Dis-moi ce que tu consommes, je te dirais qui tu es !

De manière simple, nous pouvons conclure que la consommation des produits culturels et artistiques générés par le secteur des industries culturelles et créatives exerce un impact réel sur les goûts de consommation alimentaire locale, qui sont pervertis au même titre que l'ensemble des modes de vie.

Ce travail n'a pas pour dessein de prôner le retour systématique aux habitudes alimentaires traditionnelles.

L'intérêt est de faire découvrir les différentes facettes du mil et les activités qui entourent son exploitation, lesquelles sont bien ancrées dans la vie sociale.

C'est également le prétexte saisi pour revisiter la beauté du patrimoine tangible, les expressions orales, les systèmes de socialisation de l'enfant, les mécanismes de mise en branle de la solidarité intracommunautaire ; en résumé, c'est tout le génie humain développé pour asseoir l'équilibre des sociétés traditionnelles.

La précarité et la vulnérabilité face à la nature sont comblées par une forme de religiosité qui est qualifiée de fatalisme. Les reliques de ce fonds animiste sont perceptibles aujourd'hui dans le quotidien des Sénégalais, généralement sous des formes non assumées.

Le passage en revue des nombreux atouts nutritifs pour l'organisme et la richesse de la gastronomie développée autour du mil révèle que le choix du riz et du blé relève plus d'un mimétisme que d'une option raisonnée, appuyée par des orientations diététiques.

La plus grande victoire de la globalisation consiste à créer des complexes quant à l'utilisation des produits locaux. Le fléau touche principalement tous les produits importés ou développés par des marques qui installent souvent des filiales dans les pays en voie de développement. L'agriculture, qui devrait fournir les matières premières nécessaires au secteur secondaire, pâtit de la situation, tout comme le secteur artisanal.

La révolution culturelle, tant souhaitée, devrait permettre de redécouvrir les sens et les symboles cachés dans nos expressions culturelles, afin de mieux les décoder et de s'en approprier. Cette révolution culturelle précède la croissance économique, gage de l'émergence harmonieuse.

Dans cette croisade, il est évident que les spécialistes des sciences sociales, au-delà de leur rôle dans la structuration de la matière scientifique, ont l'obligation de participer aux débats politiques pour rendre évidente la contribution de la culture dans le projet de développement du Sénégal, en particulier, et de l'Afrique subsaharienne, en général.

En somme, l'analyse spectrale du développement universel fait apparaître des logiques internes dans ses principes de fonctionnement qui ont assigné à l'Afrique dite noire un rôle peu avantageux jusqu'ici. Rompre avec les anciennes métropoles, s'émanciper de toute forme de tutelle institutionnelle internationale et réaffirmer la souveraineté politique : tel semble être l'axe majeur des revendications populaires que les dirigeants tentent d'incarner en cette décennie qui s'ouvre.

Les peuples réclament plus de justice sociale et d'équité dans la gestion des affaires publiques, et sont prêts à en découdre pour arriver à leur fin.

Il faudrait comprendre que ce qui est appelé « système » n'est qu'une réplique locale d'un modèle international d'exploitation d'une partie de l'humanité par une autre.

Vouloir se hisser au niveau d'un concurrent, en se contentant de chercher à le copier, constitue une aberration, surtout qu'il s'agit de la gestion de la destinée de toute une nation.

Cependant, s'inspirer des trajectoires et des leviers mis en branle pour élaborer une stratégie globale serait un acte important et intelligent dans la conception et la mise en œuvre d'un projet national.

Les ressources humaines constituent le premier intrant du développement. Les connaissances et compétences se structurent sur le socle psycho-social. Les capitaux matériels et financiers s'appuient sur une construction humaine, fruit d'une volonté politique bien définie qui implique la dimension culturelle.

Au demeurant, la dimension culturelle et historique est à prendre en compte dans le projet d'émergence sociale et économique. Ceci est valable pour tous les autres pays de l'Afrique subsaharienne, anciennes colonies.

La masse est folle, elle a besoin d'une audace politique suffisamment éclairée pour provoquer une révolution culturelle, mère de la révolution économique.

POSTFACE

En tant qu'administrateur engagé dans la préservation et la valorisation de nos richesses patrimoniales nationales, lire cet ouvrage est une expérience qui replace nos missions régaliennes au cœur des enjeux de survie de la Nation. À travers *Nourriture et développement*, l'auteur ne livre pas seulement une étude académique ; il dresse le procès-verbal d'une dépossession culturelle tout en traçant les contours d'une possible reconquête.

Le *cere* (couscous de mil), bien plus qu'une simple préparation culinaire, est ici révélé dans sa dimension de « fait social total ». Pour la Direction du Patrimoine Culturel, ce travail est une contribution majeure à l'inventaire de notre patrimoine immatériel. Il nous rappelle que chaque grain de mil roulé est le fruit d'un savoir-faire ancestral, d'une solidarité communautaire et d'une cosmogonie qui a su, pendant des siècles, maintenir l'équilibre de la Sénégambie.

Cependant, le constat de l'auteur nous interpelle dans notre gestion du présent : la mondialisation, en imposant le blé et le riz, n'a pas seulement modifié nos assiettes ; elle a fragilisé tout l'écosystème artisanal (de la poterie à la forge) qui gravitait autour de la transformation du mil. En tant qu'administrateur du patrimoine, je vois dans ce délaissement des habitudes alimentaires traditionnelles un affaiblissement de notre souveraineté. La brillante analyse de l'universitaire Mandiaye FALL, souligne ici l'urgence d'une réponse institutionnelle : le patrimoine ne doit plus être perçu comme un ornement nostalgique, mais comme le socle de notre sécurité alimentaire et économique.

L'auteur appelle à une « révolution culturelle » qui précède la croissance économique. Cette vision rejoint notre conviction que le développement ne peut être importé. Pour que le Sénégal s'émancipe réellement des tutorats internationaux, il doit d'abord se réapproprier ses propres symboles. Valoriser le couscous *(cere)* face aux produits importés, c'est mener une bataille politique pour la dignité.

Ce livre offre aux décideurs de l'État central les outils intellectuels pour transformer le complexe culturel en levier d'émergence. Il appartient désormais à l'administration et aux scientifiques de tous bords, de relever le défi qu'impose cette audace politique afin que nos stratégies de développement soient enfin en phase avec notre génie historique. En effet, comme le démontre brillamment cet ouvrage, se nourrir est un acte politique, et notre patrimoine est notre première ressource pour construire l'avenir.

Oumar BADIANE, Directeur du Patrimoine Culturel

Transcription des noms ou expressions sénégalais

Le ouolof est la langue nationale du Sénégal la plus parlée à côté du français qui est la langue officielle. L'orthographe utilisée pour transcrire certains noms propres, communautés ou expressions obéit aux règles de la transcription phonétique officielle fixées par le Centre de linguistique appliquée de l'université Cheikh Anta Diop de Dakar (CLAD). Par exemple :

- **c** se prononce comme dans **Th**ernobyl (cere, **c**eddo)
- **ë** se prononce comme dans p**eu**ple (nd**ë**pp, b**ë**k**ë**t**ë**)
- g se prononce comme dans **gu**erre (**g**éer)
- **j** se prononce comme dans **di**amant (**j**ën)
- ñ se prononce comme dans ba**gne** (sëriñ)
- **u** se prononce comme dans B**ou**rbon (buy)
- **x** se prononce comme dans Chei**kh** (laax)

BIBLIOGRAPHIE

BARRY Boubacar, *La Sénégambie du XVe au XIXe siècle. Traite négrière, islam et conquête coloniale,* Paris, L'Harmattan, 1988, 432p.

BARRY Boubacar, *Sénégambie : plaidoyer pour une histoire regionale,* SEPHIS–CENTRO DE ESTUDOS AFRO-ASIÁTICOS, Universidade Candido Mendes, Brazil. Amsterdam/Brazil, 2001, 86p.

BATHILY Abdoulaye, *Les portes de l'or : le royaume de Galam (Sénégal) de l'ère musulmane au temps des négriers (VIIIe-XVIIIe siècle)*, Paris, Éditions l'Harmattan, 1989, 379p.

BOTTE Roger, « Les réseaux transsahariens de la traite de l'or et des esclaves au haut Moyen Âge : VIIIe-XIe siècle », *L'Année du Maghreb*, VII | 2011, 27-59

BOULANGER Philippe, « *Médias* et *world dominance* américaine », *Géopolitique des médias. Acteurs, rivalités et conflits*, sous la direction de Boulanger Philippe. Armand Colin, 2014, pp. 81-118.

BOURDIEU Pierre, « Esquisse d'une théorie de la pratique », *Esquisse d'une théorie de la pratique. Précédé de « Trois études d'ethnologie kabyle »*, sous la direction de Bourdieu Pierre. Librairie Droz, 1972, pp. 157-243.

BOURRINET Jacques et FLORY Maurice (sous la direction de), *L'ordre alimentaire mondial*, Paris, Economica, Coll. « Travaux et Recherches du Centre d'Études et de Recherches Internationales et Communautaires de l'Université d'Aix-Marseille III », 1982, 335 p.

BRILLAT-SAVARIN Jean Anthelme, *Dis-moi ce que tu manges, je te dirai ce que tu es,* Collection Folio Sagesses (n° 6620), Gallimard, 2019, 144 p.

DELAGE Michel, « Identité et appartenance. Le systémicien à l'entrecroisement du personnel et de l'interpersonnel dans les liens humains », *Thérapie Familiale*, vol. 35, no. 4, 2014, pp. 375-395

DIENG A. Aly : *Hegel et l'Afrique noire : Hegel était-il raciste* ?, CODESRIA, Dakar, 2006, 138p.

FALL Fatima et SY Alpha Amadou, *Le Ceebu Jen : un patrimoine bien sénégalais*, L'Harmattan, 2021, 72P.

FROMENT Alain, « Anthropologie alimentaire et biologie humaine » in *Bien manger et bien vivre. Anthropologie Alimentaire et Développement en Afrique Intertropicale : du Biologique au Social*, Paris, L'Harmattan-ORSTOM, 1996, pp. 35-48.

GRIFFON Michel, « Profond changement dans l'ordre alimentaire mondial », *Revue Projet*, vol. 307, no. 6, 2008, pp. 39-45.

PORTERES Roland, « L'Introduction du Maïs en Afrique », *Journal d'agriculture tropicale et de botanique appliquée*, vol. 2, n° 5-6, Mai-juin 1955, pp. 221-231.

RASTOIN Jean-Louis et GHERSI Gérard, *Le système alimentaire mondial : Concepts et méthodes, analyses et dynamiques,* Editions Quae, 2010, 584p.

VERREAULT, Lucie. Le système alimentaire mondial : tendances, enjeux et défis. Québec, Laboratoire d'étude sur les politiques publiques et la mondialisation, ENAP, 2011, 19 p. (Rapport évolutif. Analyse des impacts de la mondialisation sur l'économie au Québec ; Rapport 11).

Structures éditoriales du groupe L'Harmattan

L'Harmattan Italie
Via degli Artisti, 15
10124 Torino
harmattan.italia@gmail.com

L'Harmattan Hongrie
Kossuth l. u. 14-16.
1053 Budapest
harmattan@harmattan.hu

L'Harmattan Sénégal
10 VDN SICAP AMITIE 3
BP 45034 Dakar-Fann
direction@senharmattan.com

L'Harmattan Cameroun
Tsinga/Derrière polyclinique FECAFOOT
BP 11486 Yaoundé
Jacques.koukam@harmattan.fr

L'Harmattan Burkina Faso
Villa 281, secteur 23 623, rue 14.32
Ouagadougou
zagbie@outlook.fr

L'Harmattan Guinée
Almamya, rue KA 028 OKB Agency
BP 3470 Conakry
harmattanguinee@yahoo.fr

L'Harmattan RDC
185, avenue Nyangwe
Commune de Lingwala – Kinshasa
matangilamusadila@yahoo.fr

L'Harmattan Congo
219, avenue Nelson Mandela
BP 2874 Brazzaville
deunovmikhael@gmail.com

L'Harmattan Mali
Immeuble Mgr Jean Marie Cissé
Aci Hamadallaye
BP 145 Bamako
syllaka@yahoo.fr

L'Harmattan Togo
Djidjole – Maison Amela
face EPP BATOME
02 BP 20680 Lomé
didieramela11@gmail.com

L'Harmattan Côte d'Ivoire
Résidence Karl – Cité des Arts
Abidjan-Cocody
03 BP 1588 Abidjan
harmattan.ivoire@gmail.com

L'Harmattan Bénin
Rue 604, (Immeuble à l'entrée
de la rue UCAO- Cite de Saint-Jean)
Cotonou
stepcorpus@gmail.com

Nos librairies en France

Librairie internationale
16, rue des Écoles
75005 Paris
librairie.internationale@harmattan.fr
01 40 46 79 11
www.librairieharmattan.com

Librairie des savoirs
21, rue des Écoles
75005 Paris
librairie.sh@harmattan.fr
01 46 34 13 71
www.librairieharmattansh.com

www.ingramcontent.com/pod-product-compliance
Lightning Source LLC
LaVergne TN
LVHW021219061026
849535LV00008B/2815